中公新書 1875

安田敏朗著

「国語」の近代史

帝国日本と国語学者たち

中央公論新社刊

はじめに

「国語」とは何だろうか。この単純な問いから本書を始める。

学校の教科目、入学試験科目名、そして日本語のこと、というのが一般的な答えだろうか。それでは、なぜこうした答えが出てくるのだろうか。このことに答えるために、本書では、近代日本において、ひとつの「国語」をつくりあげ、かつ話させようとした過程を追う。そして、その過程を学問として支えた国語学のあり方も問うていく。

そもそも、ことばは個人によって相当に異なる。「わたし」とまったく同じ語彙《ごい》をもち、使用法もまったく同じ人など存在しない。そうした実際の使用面で個別ばらばらなことばを、ひとつの存在としてみなしていくことには無理がある。しかし、「国語」という名詞があるということは、そうした無理が行なわれた証拠である。つまり、何が「国語」かを定めることは、恣意《しい》的であり、もう少しいってしまえば、政治的でもあるということである。

そうした「国語」を決定しようとしたときに往々にして用いられるのが、「国」という単語があることからもわかるように、「国家」という枠組であった。

近代の日本では、ことばの階層差・地域差、そして書きことばと話しことばといった違いをすべて解消してひとつにまとめることが重要な課題となった。その理由はのちに論じるが、ひとつにまとめて、それを「国語」と称した。国民をひとつにまとめ、そこに現在的にも歴史的にも一体感を与えるための手段として「国語」が位置づけられたのである。こうした「国語」を学問的につくり、国家の言語政策にも深く関与したのが国語学であった。

厳密にいえば、日本国民と日本民族が一致することなどない。国民は法的概念（国籍をもつこと）であり、民族はそうではないからである。近代日本の領土には、自分の母語とは異質の言語を「日本国民の言語」＝「国語」として話させられた地域、人たちがいた。

日本国籍がなくても日本語を話す人は多い。日本国籍があっても日本語を話さない人だっている。歴史的にみても、たとえば北海道や琉球王国のように、大日本帝国憲法発布（一八八九）までに明治政府が領土に組み込んだ地域や、台湾（一八九五）・朝鮮（一九一〇）・樺太などの植民地としていった地域にもとから居住していた人たちのことを考えれば、その人たちは日本国籍が与えられたからといって、もともと日本語を話すわけではない。

一方、こうした地域での国語教育の際にかかった圧力と同様のものが、方言話者にも程度の差はあれ、かかっていった。

国語学が方言話者を「国語」の歴史のなかにとりこむことは簡単にできた。つまり歴史的に古い「国語」(要は古語である)が方言に残っている、とすることによって。近代方言学はここから発展していった。しかし、植民地の「国語」話者を国語学がうまくとりこむには、「国語」の定義から見直していくほかなかった。

そしてまた、一九三〇年代以降、中国大陸や東南アジアを侵略していった日本は、そこに居住する日本国民ではない人たちにも日本語を話させようとした。そこでは「国語」と称することはできず、「日本語」と称した。こうした国民統合のための「国語」ではなく、いかに効率的に教育するかといった技術論に国語学はうまく対応できず、あらたに「日本語学」という学問が形成されることになっていく。

一九四五年の敗戦後は、それまで以上に日本国民と日本民族が同一視されることになる。しかし、ことばが国民をひとつにまとめるという思想そのものへの根本的な懐疑は示されることなく、その時代に即した、「国民」にあわせた「国語」の必要性が説かれていく。

たとえば、敗戦後、日本は民主化されたのだから、それにふさわしい「民主的」な「国語」が必要だ、とされたように。そして、「共通語」という名の「国語」が、教育以上に放送メディアの力を借りて全国を席巻《せっけん》していくことになる。

こうしたなかで国語学は、言語政策という局面ではかなづかいや漢字制限といった表記面での技術的な根拠を提示するために利用されるにとどまるようになる。そして、ことばをめぐる技術の多様化、進歩につれて、国語学が国家の言語政策に積極的に関わることは少なくなってきた。

日本語学も、敗戦後は外国人に対する日本語教育という需要が生じてくるなかで徐々に隆盛をみせるようになる。いわば、国際交流という国策とともにあるとみてよい。外国人への教育という点で、きわめて技術的、効率優先でそこに特定の思想が介在する余地などなさそうであるが、教育である以上、そしてそれなりの歴史をもつ以上、問題がないとはいえない。

本書ではこのように、ことばのあり方と、それを学問としてあつかうときに生じる問題を、近代以降の日本を舞台にして歴史的に素描していく。そしていま現在の、ことばと社会の問題をどのようにとらえていけばよいのか、について考えていくことにしたい。

目次

「国語」の近代史

凡例

・ルビは引用もふくめ適宜ふった。
・引用文中の〔　〕は引用者による補足。
・引用文中の漢字は原則として現行のものにかえた。
・引用文中に、現在では不適切な表現があるが、資料性を鑑み訂正はしていない。他意はない。

「国語」の近代史

帝国日本と国語学者たち

序章　「国語」を話すということ

話しことばの階層差

福沢諭吉（一八三四～一九〇一）は、一八七七年に私家版『旧藩情』を刊行し、自身の郷里、旧中津藩（現在の大分県に属する）の有力者に示した。

その目的は、明治時代になっても続く「上等士族」（上士）と「下等士族」（下士）間の軋《あつ》轢《れき》をなくし、士族と平民との敵意を解消させることにあった。福沢は上士・下士間の断絶を活写しているが、本書との関連では士族と商人、農民の「言語なまり」の差異に注目したい。福沢は次のような表をつくっている。

	上士	下士	商	農
見て呉れよ	みちくれい	みちくれい	みてくりい	みちぇくりい
行けよ	いきなさい	いきなはい いきない	いきなはい いきない	いきなはい いきない いきなはりい
如何《いかが》せん歟《か》	どをしよをか	どをしゅうか	どげいしゅうか どをしゅうか	どげいしゅうか どをしゅうか

そして、顔をみなくても話すことばだけで身分の区別ができたという。この表から、江戸末期には特定階層（「上士」）の話しことばの全国レベルでの共通性が形成されていたことがうかがえる。これは参勤交代などでの江戸生活経験者から、種々の文化・文物、そしてことばにも変化がもたらされたためと考えられる。

話しことばでの統一へ

ところで、近代の国家は、そのあり方として国民国家（ネーション・ステイト）と呼ばれる形態を目指すことが多い。国境線を明確に引き、その内部を国土つまり国家の領土として他国からの侵入を防ぐ（あるいは国境線を拡大しようともする）。国土に住む住民を国民としてもれなく国家が管理し国籍を与えていく。こうした国民をつくりあげていく過程でナショナリズムが生じ、あるいは国民でない人々を排除するときにもナショナリズムが発動する。

こうした国民国家体制が全世界をほぼ覆い尽くし、その過程でさまざまな作用・反作用（たとえば植民地化であり脱植民地化である）があったのが、単純にいえば近代以降二〇世紀までの世界史の流れである。

近代国民国家では、均質な国民の形成と、徹底的な国家への動員（たとえば徴兵制や教育など）が目指される。そのなかで国民は国家の保護を受ける一方で、国家に対してさまざまな義務を負う。こうした関係のなかで、国民は全員同じことばを聞き、書き、話すことが求められることになる。

一八六八年の明治維新で成立した明治政府の場合も、欧米をモデルとしていた以上、近代国民国家の「つくり方」に沿って国家形成を行なった。このあたりのことは日本史の教科書にも書かれていることなので、あらためて指摘する必要もないだろう。

ことばの問題に限定すれば、江戸の教養ある層の話しことばを、地域差も階層差も超えて一律に広めることが明治国家の政策目標となった（明治期の「標準語」が、東京の教育ある層のことばとされていったことの基盤はここにある）。これは、福沢の表にある「上士」の話しことばを「下士」「商」「農」の話しことばとしていくことだとみれば、わかりやすい。

同じ話しことばで統一することは、地域ごと、階層ごとにそれぞれ存在していた話しことばをひとつに統一していくことである。近代国民国家の建設とは、旧来のさまざまな共同体を大規模に解体・再編することであるから、ことばの面でも同様の事態が生じたのである。

一口に話しことばを統一する、といってもそう簡単なことではない。たとえば、のちにふれる文部省国語調査委員会が一九〇三年に全国でアンケート形式による簡単な言語調査を行なったが、その質問事項のなかに「する」の未然形を尋ねるものがあった。福沢の表でいえば、「如何せん歟」の「せん」をどういうか、ということだが、福沢の出身地中津藩のあっ

た大分県の報告には、

「しょー」　全県下、主ニ中流以上ノ人ノ語
「しゅー」　殆《ほと》ド全県下〔……〕

（国語調査委員会『口語法調査報告書』）

とある。「中流」とは曖昧《あいまい》だが、明治維新から四〇年ほど経過しても、「どうしょーか」と「どうしゅーか」についての階層間の言語差が存在していたようである。

地域差――『方言改良論』から

福沢の表で江戸末期の地方の話しことばの階層差をみたが、次に、明治になってからも続く話しことばの地域差をみる。

明治維新から二〇年後の一八八八年刊行『方言改良論』には、兵庫出身の著者青田節《みさお》が小学校教員として福島県に赴任する途上での汽車のエピソードが紹介されている。それによれば、汽車の隣席に「英人一人ト仙台ノ婦人一人」がいたが、青田は「仙台婦人ノ談話ヲ聞クニ言語甚ダ解シ難ク」、まったく理解できなかった。しかし、青田は英語が少々できたようで、「英人」とは「談話」ができたという（嫌味だ）。

この体験から、青田は「同邦ノ人ニシテ斯《か》ク迄《まで》言語ノ相通セザルハ又歎《たん》ズ可《べ》キノ至リ」と嘆く。同国人なのにことばが通じないのはおかしいではないか、というのである。ここから青田は「方言改良」を唱え具体的な策をこの書で提示していく。ここでは同一国民は同一のことばが話せなければならないという意識を青田がもっていた点に留意したい。明治国家の教育制度が全国的に浸透し、教師がそのなかで移動するようにもなったこと——各方言話者の接触が国家内で可能になったこと——が方言を障害として認識し、話しことばの統一を求める契機となったことにも注意したい。この時期には無数の青田節が存在したことは想像にかたくない。

このように、断片的だが、福沢『旧藩情』からは、話しことばの階層差（社会言語学の用語では「社会方言」）が存在したこと、そして青田『方言改良論』からは、話しことばの地域差（「地域方言」）が明治の半ばにあっても存在していたことがわかる。

二つのことばの溝

話しことばに対応するものとして書きことばがある。

話しことばが文字として表記されることはあるが、必ず書かれるわけではない。それに対し書きことばは、当然ながら書かれなければ意味をなさない。そして文字はその使用期間が長いほど、そのことばの歴史・伝統を証明するものとされ、その分だけ、歴史に規定された存在でもある。文字のもつ歴史性から、書きことばにはある種の特権性が付与されることになる。誰でもが生まれながらに書きことばを習得できるわけではない。

　近代・前近代にかかわらず、日本では文書によって統治が行なわれてきたのであるから、そうした文書を作成し、解読できる能力をもった人たちは特権的な位置にあった。そうした書きことばを習得するには訓練が必要であり、それを保証する地位が伴っていた。それは階層別の識字率を考えれば納得がいくだろう。

　そして、書きことばの標準化は案外容易なもので、中央がある標準を定めてそれを権力の裏づけのもとで強力に地方に広げればよいだけである。その意味では、江戸時代を通じて書きことばの統一性は確立されていた。

　書きことばを習得することは、幕藩体制の日本では文章語が担う特権的な役割によって保証される階層にその人が属することを意味した。それ相応の教育がうけられる特権的階層に属することが有利にはたらくことになる。明治政府は江戸幕府の版図をほぼ継承して登場したが、幕藩体制を支えていた書きことばもほぼ同様に継承した。明治初期の知識人の教養の基礎は何といっても漢学であり、漢文訓読体の書きことばの習得は不可欠であった。もちろん、候文《そうろうぶん》や戯作《げさく》の文体などの種々の文体が存在していたのだが、漢文訓読体の書きことばは圧倒的な優位に立っていた。

したがって、書きことばを習得した人であっても、その話しことばと書きことばとのあいだには相当の違いがあった。

書きことばは、聞いてわかるか

『明六雑誌《めいろく》』という明六社が一八七四年に刊行した、全国に向けた啓蒙的な内容の雑誌の文体をみても、たとえば「野蛮の政治は人を羈軛《きやく》す。文明の民は羈軛を免る。文野の別、ただその民の言行自由を得ると得ざるとにおいて視《み》るべきのみ」（津田真道《まみち》「出板自由ならんことを望む論」六号）といった文章は、この時期の典型的な書きことばである。津田真道（一八二九〜一九〇三）は津山藩（現在の岡山県に属する）出身で江戸に出て蘭学を学び、幕府派遣のオランダ留学生にもなった人物である。明治新政府では司法省などで活躍する。

この文章は音声で聞いてもわからないだろう。これは津田のせいというよりも、書きことばと話しことばとのあいだにある違いの大きさを示すものであり、その違いを埋めるものが存在しなかったことをも示している。

ところが、近代国民国家は国民一人一人を直接的にとりこまなくてはならない。ことばの面でみると、国家による統治の貫徹のためには統一された書きことばを全国民に習得させる必要がある。まず国家が統一した教育権を握り、同一の教育を施すことがなされるが、津田のような特定階層のための、教育による獲得が不可欠の書きことばでは、その階層性をぬぐい去ることはできない。しかも、獲得にはそれなりの時間が必要である。

なおかつ、国民が国民としての一体感をもつためには相互のコミュニケーションが容易にとれる必要がある。同一国民が筆談をしていてはそれこそおはなしにならない、ということである。

したがって、書きことばは特定階層に限定されたものであってはならず、逆に、より身近な存在である話しことば的な要素をもたねばならなかった。そこに登場するのが、話しことばの「自然」さである。

「自然」であれば階層は関係がない。しかし、「自然」ではあるものの国家という枠組に制限されている。

「国語」とは、書きことばの階層性と話しことばの「自然」さのせめぎあいのなかで、国民国家のなかで流通させるためにつくりあげられたもの、とここではまとめておく。

溝を埋めるものとしての「国語」

話しことばとは、もともとは規範的な文字を前提としたものではなく、実態としては常に変化し揺れ動くものである。そうであるからこそ、近代国民国家が要求する話しことばとは、規範的な文字に裏うちされた、なるべく変化を起こさないものでなければならない。

つまり、何の意識もなく話すままを書いてもそれは書きことばにはならない。そもそも、話されることばの音声の多様性をそのまま文字として転写することはきわめて難しい。逆に書きことばを読み上げてもそれが話しことばになるわけでもない。したがって、かなり意図的に両者を接近させた、書いても話しても同様な、新たな文体を設定していかねばならない。明治政府樹立から約二〇年、一八九〇年前後にかけて言文一致の動きが活発になってくるのも、この新たな文体の模索の一環である。

たとえば、明治維新前年に江戸大久保の名古屋藩下屋敷で生まれた上田万年《かずとし》（一八六七〜一九三七）の文体を簡単にみてみる。近代国語学の祖である上田の詳細はのちに論じるが、一八八九年の最初の活字論文「日本大辞典編纂《へんさん》に就《つき》て」では、

明治維新の際より、わが日本国に洋学の跋扈《ばっこ》すること盛んにして、多年開化の誘導者たりし漢学と、王政復古を致すに付ては頗《すこぶ》る勢力ありし国学とは〔……〕

とあり、古文的要素をもつ書きことばである。前の世代と比較したときの漢学の素養に差が

あることを考慮すると、意外と読みやすい。一方、同年の講演筆記「日本言語研究法」では、

日本で博言学と云ふものは近頃漸々《ようよう》蕾《つぼみ》を結んだと申しても宜《よろ》しい位で学問上一定の規則がなくそれ故に私の申すことに御分《わか》解り悪い処《ところ》があるかも知れません

というような、現在でもわかりやすい話しことばの文体になっている。

上田の書きことばが、話しことばに近づいてくるのは、二〇世紀になってからである。たとえば「最近の国語問題に付て」（一九〇五）は、

最近の国語問題といふのは、文部省が国語仮名遣改定案といふものを出して、之《これ》を国語調査委員会及高等教育会議に掛けると同時に、広く意見を世間に問うた、

とはじまる。上田が言文一致に積極的であった点を考慮しても、わずか十数年ではあるが書きことばの変化をみることができる。

くりかえすが、こうした書きことばと話しことばとのせめぎあいから生じてくるのが「国語」という概念であり内容であった。

「国語」という形で、先の福沢の表の「上士」の話しことばを、書きことばとし、かつ話しことばともしていったのだ、とまとめることもできるだろう。しかし、それを日本国内全地域そして全階層に浸透させていくことは、それほど簡単なことではなかった。

「自然な」話しことばとは

ここで、多様な話しことばを「国語」として統合・再編し、そしてそのことを「自然な」ものとみなすことがいかに不自然であるかを、一八八〇年に沖縄県学務課が編纂した『沖縄対話』でみてみたい。

一八七一年に廃藩置県が行なわれ、近代的な国家形成が制度的になされたが、薩摩藩と清朝の両方に属することにしていた琉球王国に関して明治政府は、一八七二年に琉球藩を設置し、外交事務を管理し、七四年に内務省の管轄に入れた。清国や琉球王国はこれに抗議し国際問題化したが、七九年に明治政府は軍隊を派遣し首里城を接収、廃藩置県を行ない沖縄県を設置した。

その翌年に刊行されたのが、この『沖縄対話』である。これは「四季之部、学校之部、農之部、商之部、遊興之部、旅行之部、雑話之部、名詞之部」からなる、琉球語訳がついた対話集である。任意に「学校之部」から引用する。

貴方《あなた》ノ、御時計ハ、何時デアリマスカ
私ノ時計ハ、八時デゴザリマス
最早《もはや》、学校へ、御出《おいで》ナサル時刻デハ、アリマセヌカ

という「対話」のそれぞれの左側に、若干小さな字で、

ウンジユヌ。ウトキーヤ。ナンジナタフヤビーガ。
ワートキーヤ。ハチジナタフヤビーン。
ナー。ガツカウジンカキ。ウンジミヤールジブンノー。アヤビラニ。

と琉球語が記されている。これは、沖縄県庁のなかに設けられた「会話伝習所」で使用されたテキストである。会話伝習所はのちに教員養成機関である沖縄師範学校となる。

近代制度としての学校に遅刻してはならないという規律が、こういった形でももちこまれていたことに注意しておきたい。むろん、日本でも明治初期には時刻を守る観念は普遍化しておらず、欧米のお雇い外国人たちの非難の的だったという（橋本毅彦ほか『遅刻の誕生』二

〇〇一を参照)。

ともあれこうして琉球語と対応させて日本語を獲得させせようとした。そしてその日本語が「対話」可能な話しことばとされた点に注意したい。しかし、この引用からも明確なように、「貴方ノ、御時計ハ、何時デアリマスカ」などと「自然に」話すものなどいない。つまり、書きことばを話させること以外に、流通可能で汎用《はんよう》性のある話しことばをこの当時は思いつけなかったということである。それは、明治政府にとっても、沖縄県学務課にとっても、同様であった。

日々変化するといってもいい話しことばをつくりあげていくことがいかに不自然であるか。こうした難題を抱えつつも、話されるものとしての「国語」をつくりださないと、それまであった書きことばと話しことばとの溝、それに象徴される階層間の溝、というものを埋めていくことができなかったのである。それができない限り、近代国民国家日本は未完なのであった。

植民地での話しことば

「国語」を話すことの不自然さについてもう少しみていきたい。のちに詳しくみるように、明治期を通じて「国語」がつくりあげられ、全国的な教育網の整備とともに日本国内でも国語教育が浸透するようになる。こうして国民国家が形成されていく一方で、日本は台湾（一八九五）や朝鮮（一九一〇）といった地域を領土の一部、植民地とし、そこで同じような国語教育がなされていく。

沖縄での話しことばの不自然さが先にみたようなものであれば、植民地で話される「国語」の不自然さも、より如実にあらわれる。

『カンナニ』という一九三五年に書かれた小説がある。これは作家湯浅克衛《ゆあさかつえ》（一九一〇〜八二）自身の体験をもとにしたものとされている。巡査となった父親とともに四国から渡った植民地朝鮮の地方都市・水原で主人公「龍二」は朝鮮人少女「カンナニ」と出会う。その場面は以下のように描かれる。

カンナニが主人公に話しかける。

「小学生、今度来た巡査の子な、龍二云ふね、さつきお母ちやん小学生を呼んでゐた、おつきいおつきい声出して――」

とやさしい眸《ひとみ》をした。

「わしが小学生云ふのなんで知つてゐるのぞな」

自分の国の言葉を流暢《りゅうちょう》に喋《しゃべ》るこの朝鮮の女の子をまじまじと見ながら、龍二は、おく

に言葉を丸だしにした。すると今度は女の子の方が笑ひ出して、
「小学生は、をかしな日本語使ふのね」
と云ふのである。

カンナニは普通学校（朝鮮人初等教育のための学校）の教科目「国語」で日本語を教育されている。そこで教育された「国語」と、四国のことばとのあいだにある差。龍二は四国の「おくに言葉」は話せるが「自分の国の言葉を流暢に」しゃべれない。そして、「国語」を先に習得したものがそうでないものを笑う、という構造（カンナニに悪意があったとは思わないが）。「国語」を話す、ということの奇妙さは、植民地「国語」教育の「成果」との対比において鮮明となる。

ちなみに、龍二のほのかな初恋は、一九一九年の三・一独立運動が水原でも生じた際、その鎮圧過程でカンナニが虐殺され、突然終わりを告げる（当初伏せ字だらけだったこの作品は、池田浩士編『カンナニ』で読むことができる）。

あるいは、一九〇七年に台湾総督府が刊行した『日台大辞典』の、日本語の見出し語彙を調査したところ、編纂した小川尚義《なおよし》（一八六九〜一九四七）の故郷の愛媛のことばとなっている例があった（林美秀「『日台大辞典』の方言語彙」二〇〇六）。東京帝国大学を卒業した小

川であっても、この時期では「国語」の判断が一定しなかった、ということだろう。

一九三〇年代から四〇年代でも、同様な構造は続く。たとえば、朝鮮の「国語」の成績の優秀な生徒が伊勢神宮参詣《さんけい》のために京都に宿泊したときに「宿の女中が、あなた方は東京の方でせうと、それが方言丸出しだものだから、朝鮮の子どもが笑つて「内地にはをかしな言葉があるね。」といふのださうです」といったことが紹介されている（「標準語教育座談会」一九三九）。

また、朝鮮の京城《けいじょう》女子師範附属の日本人教員の、ある雑誌への投書には、

東北出身の教師に四ヶ年担任された児童が、九州出身教師の担任するに及び「先生の言葉はみんなうそです」と大胆に言ひ放つたことを聞いて冷汗を覚えた。

（鈴木隆盛「朝鮮の現状」一九四〇）

というものがある。教科書の「国語」だけを話しことばとして勉強させられれば、日本人教師たちのそれぞれ異なった方言に戸惑うのは当然であろう。これはまた日本人教師たちが「国語」を完全には話すことができなかったことを逆に示し、「先生の言葉はみんなうそです」という生徒の発言は、植民地教育の主従関係を逆転させもする。

生徒だけではない。一九四〇年代の朝鮮総督府の一官吏のことばを引用する。

かつて私は半島の一友人から、自分の国語には内地の者のやうに方言などは混らない、学校で習つた通りの国語を使つて居るのであるから立派な標準語だ。と云はれて冷汗の流れる思ひをしたことがある。半島の人たちが国語常用といふ血のにじむ行を続ける時、我々内地人も標準語をめざしての行をつまなくてどうしよう。

（広瀬続「国語普及の新段階」一九四三）

「学校で習つた通りの国語」だから「内地の者のやうに方言などは混らない」という朝鮮人と、それをきいて「我々内地人」も「標準語」を習得せねば、と冷や汗を流すといった構図である。

日本人の話しことば

一九三〇年代でも日本人の話しことばが不統一であったことは、先の引用からもわかる。『国語の世界的進出』（一九三九）や『日本語の世界化』（一九四一）などの著作がある国語教育学専門の石黒修《よしみ》（一八九九〜一九八〇）は、一九四〇年の著書で日本人の話しことばの不統一を以下のように嘆いていた。

> 　帝国議会で「チンチュー動議」と発音しても、それが愛嬌《あいきょう》であつたり、名士の新聞記事には、「……だったのう」「……ぢゃわい」がつきものになつてゐたり、若い女学生が「スゲー」だの、「オメー」だのといつたりして得意でゐる日本は、この点まだ言葉に対する教養が低いといはねばならない。　（『日本語の問題』）

「若い女学生」が「スゲー」「オメー」などというのは、いまに始まったことではないことがわかるのだが、こうした嘆きが日本語の海外普及を前提にしたものであったことは念頭に置くべきだろう。石黒の批判は、植民地や占領地での教科書表記にも及ぶ。

> 　二三の例をあげると、蠅（ハヘ）を満洲国の日本語読本ではハイとハエ、南洋のではハエ、関東州のではハイ、途中を内地のはトチユウ、朝鮮のはトチウ、姉さんを内地のはネエサン、朝鮮のはネイサンといつた様に違つたものが相当ある。　（『日本語の問題』）

　そもそも、基準からして一定していないというのである。これでは教えようもない。「正しい日本語」を話せ、というよりも、「正しい日本語」をつくれ、という論調のほうがこのころは強い。たとえば、音声学者神保格《じんぼうかく》（一八八三～一九六五）は、一九三九年に以下のように述べている。中国大陸での「文化工作」にふれつつ、

第一、日本語を教へるといふが、その日本語とは何をいふのか、どれが本当の日本語なのか。〔……〕音声の日本語となると、昭和の御代において尚《なお》各地の方言といふ言語的群雄割拠、封建的各地分立の状態がまだ残つてゐる様ではまことに心細い。〔……〕全日本民族・皇国の全民を精神的に結付けて一体とならしめる統一した日本帝国語が無くてもよいなどとは誰も考へまい。否、もつと進んでは醇化《じゅんか》され洗練された良い日本語美しい日本語にまでも行くべきである〔……〕。これこそ当面の間に合せてでなくて東亜協同体の精神的骨格として永く後世にも伝へ、全世界に向つて自信と誇りとを以て発展せしむべき真の生きた日本語となるものである。

（「音声言語の教育」）

「東亜協同体」といった時局用語とともに語られ、一見威勢よくみえるが、要は「昭和の御代」になってもなお話しことば（音声言語）の統一がないから、中国大陸での普及も、「全世界」に向けても発信できないという嘆きである。統一された話しことばこそが、「真の生

きた日本語」だとしている点にも注意しておきたい。

一方、話しことばは常に変化している。それは教えこまれた「国語」の場合でも同様である。たとえば、台湾で話される日本語について一九四一年にこんな記述がある。

「台湾語的国語」

台湾に於ける内地人層は、関西方面、九州方面の出身者によつて形成せられてゐる関係上、台湾に於ける国語は共通語としての東京語を母体として、その中に、関西系統の方言が、かなり、混用されてゐる。併《しか》しながら、満洲に於て、或は朝鮮に於て、その地方の方言が生まれつゝあるやうに、台湾には台湾としての方言が生まれてゐる。

（都留長彦「台湾方言について」）

一九三八年に台北市建成小学校を卒業した児童三〇一名のうち、一二七名の本籍地が九州であるという報告もあり（齋藤義七郎「台北市児童の方言」一九三九）、ちょっとした裏づけにはなる。「台湾には台湾としての方言」があるということは、つまり「国語」教育をうけた側が独自に変化をさせたということである。また同じく一九四一年の論文で台北帝国大学の

教官がいうには、

綺麗《きれい》といふ漢語が国語の形容詞的な内容を有《も》つてゐるので、「きれいく」「きれいくない」といふやうに形容詞として活用させ、それが台湾の内地人の児童にまでも誤用され、ひいては方言的な地位までも占めさうな形勢である。（福田良輔「台湾国語問題覚え書」）

なのだそうだ。引用の例にあるような形容動詞的に活用させるものを形容詞的に活用させる「誤用」が指摘されるようになったのは、日本では近年のことである。これを「誤用」ではなく変化ととらえれば、数十年後にあらわになる変化を、台湾人の「国語」話者たちは先取りしていたことになる。それが台湾の「内地人の児童にまでも誤用され」といった形で影響を与えていたということは、その変化がわかりやすく、使いやすいものであったからだろう。

また、「台湾の子供は、よく「水がいつこも出んくなつた。」といふ。〔……〕また、台湾では「ヤメロ」とか「ヤメイ」とかいふべきを「ヤメレ」といふ。「セヨ」「セイ」といふべきを「セレ」といふ」といった指摘もある（都留前掲「台湾方言について」）。「いっこも」という表現は最近でも耳にする。

こうした変化を「誤用」ととらえ、「国語」を学習させせられた児童の発音や語法の特徴を現場の教員が記録・分析し具体的な指導案を論じる書物が、一九四〇年代には登場する。

ここからは、植民地化から四〇年以上経ち「台湾語的国語」として認めざるを得ないほど定着していたことがみてとれる。たとえば一九四二年に台北で刊行された書物に「大東亜共通語としての」ということばが冠せられていることが示すように、「大東亜共栄圏」大の圧力が植民地の「国語」にもかかっていった（平松誉資事『大東亜共通語としての日本語教授の建設』）。「大東亜共栄圏」の共通語にふさわしいことばを話せ、という圧力である。

この書籍があげる台湾人児童の発音の「誤用」例だが、

「セ」を「シエ」……先生（シエンセイ）
「ゼ」を「ジエ」……銭（ジエニ）
「ダ行」を「ラ行」……下さい（クラサイ）　子供（コロモ）
「バ行」を「マ行」……看板（カンマン）
促音より直音……一滴（イテキ）

などがある。台湾語や九州方言からの影響でこうなるのであろうが（台湾語からの影響でダ行がラ行になる場合がある）、それでも「台湾語的国語」としてしか分類できない事例も記録されている。

たとえば「一本の鉛筆で書く」「一匹の犬を連れる」というような決して「誤用」とはいえない「数詞を正確に使ひすぎる」例や、「五銭を以て紙を買い《ママ》ます」「竹を以て猫を打ちました」という、「誤用」ではない例（原文カタカナ。傍点引用者）である。漢文的といってしまえばそれまでだが、ここまでの運用能力が備わっていたとみるべきだろう。

これらの例は、学校で教育された児童であり、そうでない人たちも多くいたことは明記しておかねばならない。一九三〇年代後半には「国語」の普及率をあげるために「国語全解常用運動」が台湾・朝鮮でくりひろげられたのである。

差異の「解消」へ

青田節の『方言改良論』から半世紀以上たった一九四四年三月に、信濃毎日新聞社から『児童の語彙と国語指導』という書籍が刊行された。これは当時の国民学校の国語の教科書に登場する語彙を、当該学年の児童がどの程度話しているのかを調査したものである。長野師範学校附属の国民学校（一九四一年から小学校は国民学校となる）初等科一年生・三年生・六年生の男女各一名の日常会話を観察し記録したうえで、教科書の語彙と比較している。

結果だけみると、どの学年でも「教科書語彙の総数に対して約八パーセント内外の語彙が児童語彙の中に見られない程度で教科書中約九十二パーセントの語彙は日常の児童の言語生活において駆使されてゐるのである」という。国語教科書の語彙数よりも児童の獲得語彙数のほうが当然多い。調査対象者も少なく師範学校附属の国民学校という地方の中心地で生活している児童でもある。そして調査をする側は、「国語」教育の成果を強調したくなるものだろう。

したがって、どういう結論を導くかは慎重でありたいが、教科書のことばが地方の児童の日常生活でも頻繁に使用されていたとはいえる。そして初等科一年生も同様の数値であったとすれば、就学前の言語環境にも、かなりの程度教科書のことばが浸透していたということになる。

一九三五年にも類似した調査が岡山県師範学校附属小学校によってなされている（『児童の語彙と教育』）。それによれば、新入生児童一一二名を対象とした調査で、『国語読本』の一年生用教科書の語彙（七五五語）について全員理解できたのは四六〇語で約六一％。約八七％の語彙を九名（四分の三）以上が理解できたという。これと比較すれば、一九四四年時点での理解率は上昇している（対象の教科書は代わっているが）。発音・アクセントまでふくめた理解かどうか不明であり、また理解不能なことばで教科書が書かれることはないので、教科書の語彙の浸透をことさら強調することもないかもしれない。
しかし、完全ではないにせよ、ことばの地域的・階層的差異が明治期から徐々に解消され、その成果が児童のことばにあらわれるようになったとはいえる。

残された差異――敬語と女性語

地域的・階層的差異が解消されたところにたちあらわれてくる「国語」とは、誰にでも平等に開かれた親しみやすいものなのだろうか。

残念ながらそうではない。そもそも、本書でみていくように、「国語」を政策的につくりあげようとした人たちは、男性である。そのうえで、「国語」とは国家の言語であり国民の言語であるとされていくのである。国民であるならば「正しい国語」を使えなければならないという新たな圧力が生じる。「誰のものでもあるけれども、結局は誰か特定の人たちのもの」というのが正確なところだろう。

そうした「正しい国語」は、新たな差異を設定しなくてはならない。そこで生じるのが、言語の性差および社会関係の強調である。平たくいえば、「男性語」「女性語」と「敬語」である。これをマスターすることが「正しい国語」の担い手なのだとされ、こうした「正しいことばづかい」が「礼節」と関連づけられて教育されていく。

敬語論や「女性語」論が登場するのは二〇世紀になってからだ、という研究がある（中村春作「「敬語」論と内なる「他者」」一九九四、山下仁「敬語研究のイデオロギー批判」二〇〇一、遠藤織枝「「女性語」という思想」二〇〇二など）。それと同時に、「国語」は複雑な敬語体系を備え、「男性語」と「女性語」の区別が昔からある、といったもっともらしい話が強調され、それこそが、天皇制と直結した日本の伝統文化なのだ、といった俗論がもてはやされるようになり、教科書にも載るようになる。

たとえば一九四二年発行の国民学校第六学年前期用『初等科国語』巻七、第四課に「敬語の使ひ方」があるが、そこでは、

敬語の使ひ方によつて、尊敬や謙遜《けんそん》の心をこまやかに表すことのできるのは、実にわが国語の一大特色であり、世界各国の言語にその例を見ないところである。古来わが国民は、皇室を中心とし、至誠の心を表すためには、最上の敬語を用ひることをならはしとしてゐる。さうして、また長上を敬ふ家族制度の美風からも、ていねいなことばづかひが重んじられてゐる。わが国語に、敬語がこれほどに発達したのは、つまりわが国がらの尊さ、昔ながらの美風が、ことばの上に反映したのにほかならないのである。

と論じられる。これはいまでもそうだ。「日本の健全な社会は、敬語でしか作れないのである」（浅田秀子『「敬語」論』二〇〇六）といわれても、当惑するばかりである。

このように、差異は常につくりだされていく。階層的差異がなくなったとしても、その差異を象徴していた「敬語」が、社会関係を示すものとして位置づけなおされるということである。明治時代半ばになって体系としての敬語が研究対象となったことについて、それは「前時代にあっては身分制社会システムの言語的現れだったものが、身分制の終焉《しゅうえん》による社会的変動の中で対象化され意識されるようになった結果」だとし、それが「日本の誇り」として描かれている、と指摘する研究者もいる（滝浦真人『日本の敬語論』二〇〇五）。

ちなみにいえば、右に引用した教科書の「古来わが国民は、皇室を中心とし、至誠の心を表すためには、最上の敬語を用ひることをならはしとしてゐる」という部分は、たとえば日本放送協会「皇室関係放送用語集」（一九六九）の「天皇、皇族に対する敬語は、できるだけ普通の敬語の範囲内で親しみのある最上級の表現を用い、意味の重複した形は避ける」というものと、基本精神は同じである。

人為的な自然さ

話しことばの自然さについてふれたが、言語学者エドワード・サピア（一八八四〜一九三九）は一九二一年の著書『言語』で「ことばは、人間にとって歩行と同様に自然であって、ただ、呼吸よりは自然でないように思われるだけだ」と述べている。

すべての人間が歩行を自然にできるわけではないので、比喩《ひゆ》としては適正さを欠くが、少しだけ意志的な行為としての、ことばの「自然さ」が表現されている。もっともサピアは、歩行は「器官的、本能的な機能」であり、ことばは「非本能的で後天的な」機能だから、この「自然さ」は幻想だと論を進めていく。ことばを「文化的」存在とサピアはみなすのだが、ここまでみてきたように、近代国民国家が要請したのは、統一された「国語」をつくりあげ、それを国民に話させるという、むしろ政治的なあり方であった。統一するということは、言語政策という人為的な行為の対象に、ことばがなっていくことを意味する。その時点で、ことばの自然さは消えていくことになる。

しかし、国民統合のための「国語」は徐々に浸透していく。そしていまでは、「正しい日本語」を話すことが当然のように思われてもいる。それを当然と思わせるということは、国民国家にとっての「自然さ」（国民国家ならば当然に必要とする要素という意味で）を「国語」がもっているということを意味する。こうした「人為的な自然さ」にとりかこまれたなかで日々生活していることは、あらためて指摘するまでもない。しかし、こと「ことば」に関していえばあまり強調されることがなかったように思われる。本書の議論を契機にこうした思索が深まることを期待したい。

単一で均質なことばの要請

やや議論が散漫になったが、「序章」では、近代国民国家にとってことばがもつ意味を考える前提として、明治維新以前そして明治維新以後、そして植民地でのことばのありようをとりあげた。

近代国民国家形成のためには、統一された書きことばと、それと同じであることが目指される話しことばが要請される。そしてその統一されたことばが、全国民に話されることが求められた。こうした一連の動きの不自然さは、たとえば植民地で教えられたことばとの違いから、照らし出されるのであった。

そして、近代国民国家にとって、ことばがもつ意味については、以下のように考えたい。

まず、一般的に近代国民国家形成のなかで、ことばをいかにあつかうかという問題は避けて通れない。これは国民は均質的一体性をもたねばならないという近代の思想と関連があり、国家は国民を何らかの形で掌握しなければならないという前提と関係がある。国民の掌握には、交通・通信網の発達、新聞・出版などの成立と浸透、そして法体系の整備はむろんのこと、徴兵制度や教育制度という動員制度の確立と普及浸透が不可欠である。

このような制度によって均質で緊密な空間を醸成し、そこで「あるべき」（正確には国家の統治に順応する）国民をつくりだしていくことになる。こうした制度を効率よく運用し、国家内部の人口流動性を高めていくには、単一で均質な言語が必要となる。

そこで制度を担うことばである「国語」が設定されるのである。簡単にいえば、その言語で法律が書かれ、教育がなされ、出版がなされ、などができることである。こうした「国語」を効率よく設定しようとすれば、のちに初代文部大臣となる森有礼《もりありのり》（一八四七〜八九）が一八七二年に簡易英語を日本の「国語」にすべきだと主張したことも荒唐無稽《こうとうむけい》ではない。何はともあれ統一された「ひとつ」のことばを国家としてもつべきだということなのだから。

実現可能性はともかく、森が国民統合のためにこれが一番手っ取り早いとしたのは一理ある。そして、「正統な」英語ではなく、合理的に簡易化した英語を「国語」とすべきだとしていたように、ことばに人為的な規制を加えることがその前提となっていることに留意したい。

第1章　国民国家日本と「国語」・国語学

1 「書いてわかる」ことの意味

明治初期の言語論

近代国民国家を支えるための制度としての「国語」は、まずもって「書いてわかる」ものであることが必要不可欠である。当然のことながら、近代国民国家の制度は書きことばによって形成され、維持されるからである。

一八七〇年の南部義籌《よしかず》「修国語論」（ローマ字採用論、当初大学頭《だいがくのかみ》山内容堂《やまうちようどう》に建白、七一年文部省に建白）、前島密《ひそか》「国文教育の儀に付建議」「国文教育施行の方法」「廃漢字私見書」（仮名採用論、集議院《しゅうぎいん》に提出）などをはじめ、先にふれた森有礼の簡易英語採用論、福沢諭吉『文字之教』（一八七三）での漢字制限論、『明六雑誌』で展開された議論は、江戸末期に書きことばを習得した知識人による、「文明開化」と「大衆啓蒙」のためにどういった文字で表記すればよいかを主要な論点としていった。「文明」の発信元である西洋の諸文物をいかに効率よく受容し伝達できるかという論である。

たとえば、津和野藩（現在の島根県に属する）出身の洋学者西周《にしあまね》（一八二九〜九七。森鷗外と同郷）は『明六雑誌』に掲載したローマ字表記の十の利点に「器械・名物等に至りては、強《しい》て訳字を下さず原字にて用ふべし」と、西洋文物を翻訳しないですむ点をあげ、「アベセ二十六文字を知り、いやしくも綴字《つづりじ》の法と呼法《こほう》とを学べば、児女もまた男子の書を読み、鄙《ひ》夫《ふ》も君子の書を読み、かつ自らその意見を書くを得べし」という「啓蒙」を強調する。

このように明治初期の言語論は「上から」の表記論でしかなかったことに注意しなくてはならない。あくまでも「書いてわかる」ことば（しかも近代化のための）についての議論である。書きことばを話す不自然さについては、すでにみた通りである。したがって、「書いてわかる」だけではなく、「聞いてわかる」さらに「話してわかる」ことばというレベルにまでふみこむ必要があったのだが、明治初期の言語論はそこまでにはいたらなかった。

明治初期の知識人にとっては何を伝達するかが重要であって、どのように伝達するかは、とりあえずは視野になかった。その意味では、かれら自身の言語生活がそのことによって大きく変化するわけではない。つまり、実践の伴わない理論であった。

国民動員のための「国語」

しかし、近代国民国家ではその統一を保つためには、国民を有効に活用していく必要がある。つまり、国民をとりこみ、動員していかねばならない。したがって、啓蒙も必要だが一方的に伝達しておしまい、では不十分である。「書いてわかる」と同時に国民が「聞いてわかる」ことばをつくっていかねばならない。

そうしたなかで、かなのくわい（仮名の会）（一八八三）、羅馬字会《ろうまじ》（一八八五）などのように、より簡単な表記を採用してより多くの国民への普及浸透をはかる組織が結成されもした。かなのくわいとは、一八八〇年代初頭に結成された仮名専用を目標とする諸団体を大同団結して、有栖川宮威仁親王《ありすがわのみやたけひと》を会長に戴《いただ》き、最盛期には五千人ほどの会員を擁したというが、表音式のかなづかいか、歴史的かなづかいか、あるいは文体の問題もあり、結成から十年ほどで勢力を失っていく。

羅馬字会も、哲学者・教育学者である東京帝国大学教授外山正一《とやままさかず》（一八四八〜一九〇〇）を中心として、幹部には外国人もふくんだ形で結成され、最盛期には五千人ほどの会員を擁した。だが、ローマ字表記の方法（いわゆるヘボン式〔現在の日本のパスポートの人名表記はこれに依《よ》っている〕か、日本式〔si ti tu などと表記〕か）や、文体の問題（漢語をそのままローマ字表記してもあまり効果的ではない）などの理由で、やはり活動は終息していく。

つまり、こうした団体は、いかなる内容を表現するために、いかなる形態の日本語を、いかように、いかなる国民に広めるのかという確固たる視野がなかったのである。

こうした議論とは別に、現実には国家は「国語」によって国民をとりこんでいかねばならなかった。その象徴的な例として、法律と軍隊のことばの事例をみていきたい。

法律のことば

法のもとの平等は、近代国民国家の原則である。それはまた、国家の制定する法に国民は従わなければならないということでもある。

とすれば、その法をどういったことばで起草していくかはきわめて重要なことがらであった。明治期に起草された法律の文体が、いまからみてもとりわけ語彙面で難解であることは、ことさら指摘する必要もない。こうした難解さと、国民へのわかりやすさとをどう折り合いをつけようとしていたのだろうか。

明治民法や戸籍法を起草したひとりである法学者穂積陳重《ほづみのぶしげ》（一八五六～一九二六）は著作『法律進化論』の第二冊（一九二四）のなかで「法の文体」という章を設け、日本・イギリス・ドイツ各国の法律の文体の歴史を紹介している。

そこでは「法文の難易は国民文化の程級を標示するものである。難解の法文は専制の表徴である。平易なる法文は民権の保障である」と明言されている（すでにこの文章は難解かもしれない）。そして「法律の文章用語は社会の進歩に連れて難解より平易に赴き、随《したが》つて法の認識可能性は文化と共に上進する」というのだ（傍点原文）。

社会の進歩を、法律の文体のあり方、つまりどれだけの国民が法律を理解できるか、という点でみているわけである。したがって「低級文化の国」にあって法文が難解なのは、「法を秘密にすること」「法は治民の具であつたこと」「難文は法規に威厳を保つものとしたこと」という理由によるのだと断言する。

こうした法のもとでの平等という前提にたち、穂積は日本の法律文体の歴史を概観し、明治以降「国民教育の普及」によって「法の認識可能性は相対的に進歩したものと云ふことが出来る」と結論づけている。ただ、あくまでも「相対的」なものであり、現実の法文理解が容易だったわけではない。

しかし、穂積の思想の影響をうけた現場の判事たちは、一九二〇年代後半に実際の判決文を口語体で書き始める。この運動が定着したとはいえないが、「聞いてわかる」ことばで判決を書こう、というものであった。

軍隊のことば

一八七三年に明治政府は徴兵令を発布した。「健康」な成人男性が職業としての兵士ではなく、国民の義務として兵士にならなければならないというのは、やはり不条理であり、働き手をただ同然でとられてしまうのも反感を買い、徴兵一揆《いっき》や徴兵逃れが頻発する。

その後の制度変更を経て、国民皆兵はほぼ達成される。軍隊という国家規模の組織に大量に国民がとりこまれていくということは、均一の「戦う国民」をつくりだすことでもあった。学校教育でも同様であるが、軍隊でも、統一された書きことば、話しことばが要請される。命令が正確に伝わらないことには、ろくろく戦闘もできない、ということである。

軍隊で使用される用語を「兵語」と称した。

これに関して一九〇二年の雑誌『軍事界』に「兵語としての口語及文章語に就て」という文章が掲載されている。それによれば、「兵語」とは「簡短明瞭《めいりょう》」「勇壮活発」「教育上の方法が容易」であるべきだという。そのうえで、「軍隊は一の模型の如《ごと》きもので〔……〕皆一定の言語を使用さするところの必要が生ずる」。したがって、その「標準」は、「入営前無教育なる兵卒の如きは、口語にてならば出来得ることにても、文章語となると〔……〕折角構成し得たる思想を滅茶苦茶にするやうな事実もあるさうだ」としている。

この論者は、「であります」「でござります」といった「口語」の語尾を教育によって使用させることで、「方言」の「一種異様なる語尾の変化」を簡単に消すことができるとする。だが、「勇壮さ」に関しては「口語」ではなく「文章語には此《この》兵語の資格がたしかにある」と未練がましさものぞかせている（この資料は吉田裕『日本の軍隊』二〇〇二の指摘による）。

ここでいう「文章語」とはどういったものだろうか。一八九一年に刊行された『日本軍人用文』（内山正如編）という、文書作成時の例文集がある。たとえば、「親許《もと》へ入営を報する状」つまり、入隊したことを親に知らせる手紙文の例として、「寸翰拝呈《すんかんはいてい》陳《のぶれ》は私儀昨何日無事着京直に入営 仕候間《つかまつりそうろうあいだ》 御安意可被下《くださるべく》候」などといった文が登場する（ルビは原文にない）。親にさえも、こう書くべきだとされるのは、軍隊という物理的な力で管理される組織内にはたらく、また別の暴力でもある。

軍隊においてこそ、「聞いてわかる」（正確には「聞かせてわかる」）意味での「口語」が必要とされた。それは「文章語」の権威を、必要性・教育のしやすさという点で、低下させていくものであった。だが同時に「口語」レベルでの「兵語」の統一をうながし、たとえそれが「口語」であったとしても軍隊のことばであるという点で、徴兵される側にあからさまな暴力――つまり、そのことばができないことで被る物理的な暴力としてはたらくのである。

「話してわかる」へ

ここまで断片的にみてきたことからもわかるように、地域的にも階層的にも違いが大きく、かつ一番最後まで統一しにくいのが話しことばである。その前提として、まずもって「書いても聞いてもわかる」ことばとして「標準語」を設定する必要があった。このことは同時に新たな文体（口語体あるいは言文一致の文体）をつくっていくことでもあった。そのうえで、

「話してもわかる」ことばとして教育のなかで使用すべきものとされていく。こうしたことが、「国語」をつくりあげるために必要であった。

ちなみに、口語体とは、異言語話者への教育にも必要不可欠のものである。したがって、植民地での「国語」教育にとっても必須《ひっす》のものとなる。しかしながら、「書く」ということは文字表記のあり方、ひいては「伝統」観とも関わり、「国語」をつくりあげようとする際に考慮しなければならない要素となっていく。

2　「国語」のつくり方

いま現在共有される「国語」

ここまでみてきたことをもう一度確認すれば、近代国民国家では、統一された書きことば・話しことばが必要とされた。これは、それ以前のことばのあり方とはまったく異なるものであった。

法律や軍隊のことばについて若干みたが、国家の制度を担うことができることばがなければ、国家制度の効率のよい運用はできない。つまり、いま現在の国家の範囲で、等しく同時に書かれ話されることば――「国語」――をつくりだすことが不可欠なのである。

こういった特徴をもつ「国語」をつくりだすことは、国家制度と関係するため、政策的になされることが多い。

同時代に生活する同一国民が同一の「国語」を話すこと。同一の「国語」は「標準語」と称され、往々にしてその使用が強制的に求められる。

その際の「標準語」は、政治・経済・文化の中心の言語が軸となる。

政治学者ベネディクト・アンダーソンは国民国家の統治システム（「ファイル、関係書類、公文書、法律、財務記録、人口統計、地図、条約、通信、覚書その他」）を比喩的に「配電システム」と称した（『増補　想像の共同体』一九九七）。ここにあげられた「配電システム」の例は、基本的に書きことばで成り立っていることに注目しておきたい。

アンダーソンの比喩にならえば、電力の供給源は強力な一ヵ所のほうが求心的な統治が可能になる。そうすると何がもたらされるのだろうか。

たとえば優勝劣敗の社会進化論の影響をうけた明治の知識人加藤弘之《ひろゆき》（一八三六～一九一六）は、一八九〇年の国語伝習所での講演で「言葉と云ふ者は今の生存競争と云ふことで互に競争して其《その》力の強い方が勝て力の弱い方が負けてしまふと云ふことは天地間にある総《すべ》ての万物と同じことである」と述べている（国語伝習所編『国語講義録』）。

強いことばが生き残るというのだ。生存競争であれば、国民は勝者にもたらされる利益に惹《ひ》かれて競争の場に参入していく。

しかし、明治初期からこうした「統一」の必要性は認識されつづけても、具体的な作業として「国語」が制定されたわけではなかった。

浮上する国語国字問題

一方で、明治後半、つまり一八九〇年ごろに近代国民国家の種々の制度が整備されていく。たとえば、法制度については、一八八〇年に刑法、八九年に大日本帝国憲法、九〇年に民法が公布された。教育については、一八七二年に学制発布、七九年には不完全ながら義務教育制が教育令により定められた。しかし、八六年には国家主義的色彩の強い学校令に転換し、教育の国家統制の色彩が濃くなり、九〇年には儒教的君臣の道を説く教育勅語が発布される。一八七三年に徴兵令が公布されたことはすでにふれた。郵便事業は一八七一年から開始され、新聞などの言論メディアは維新直後からその活動を開始していた。

新聞についていうと、自由民権運動の高まりとともに政論新聞が隆盛したものの、一八七五年の新聞紙条例を招くことになる。

こうした制度が整うにつれて具体的な「国語」の制定が強力に求められ、解決を要する

「国語国字問題」として認識され始める。「国語問題」とは、どういったことばを「国語」とするか、「国字問題」とはその表記をどのようにしていくか、という問題である。

こうした用語が実際に使われだすのが一八九〇年ごろからであることも、このことを間接的に証明している。政策として「国語」をつくりあげていく素地がここにできあがる。

国語国字問題と上田万年

「国語」をつくりあげることに尽力した中心的な人物に国語学者上田万年《かずとし》(一八六七〜一九三七)がいる。江戸に生まれた上田は一八八八年に(東京)帝国大学和文学科を卒業する。在学中に、イギリス人B・H・チェンバレン(一八五〇〜一九三五)から言語学の手ほどきをうけている。チェンバレンは一八八六年に帝国大学に招聘《しょうへい》され、言語学を講じ、『日本小文典』(一八八六)や『英訳古事記』(一八八三)などを残している。

上田は一八九〇年から九四年まで、帝国大学総長加藤弘之と文科大学長(いまでいう文学部長)外山正一の推薦により、言語学研究のために主としてドイツそしてフランスに留学する。当時の最先端の比較言語学をもちかえり、帰国後すぐに東京帝国大学の教授となって後進を育成していった。日本の「国語」の問題を考えるときに欠かせない人物である。

その上田は明治前半期の「国語」をめぐる問題を、一九一六年の『国語学の十講』で概略以下のようにふりかえっている。ヨーロッパの言語学の影響をうけた人物の発言ではあるが、概略を知るにはちょうどよい文章である。

　上田は、明治維新当時この問題は「在来の和漢学者」たちに委ねられていたとする。ところが、一八八〇年代はじめから徐々に重要案件として認識され、「国漢文の専門家を養成することがはじまつた」という。政治的には板垣退助を総裁とする自由党が結成（一八八一）されるなど自由民権運動が最高潮に達し、国会開設を求める動きも頂点に達した。と同時に明治十四年の政変と呼ばれる、政権内部から大隈重信などの民権派を駆逐する政変が起こり、国会開設を十年後とする詔勅にいたる。

　こうした政治の季節のなかで、上田は先にふれた、かな文字専用・ローマ字専用の、かなのくわい・羅馬字会の結成を「欧化熱」のなかに位置づけている（伝統的な表記を否定し、欧米からの知識を効果的にとりいれるため、という意味で）。

　西欧標準である議会設置という「欧化」と、こうした主張とを同様にみているのである。これは、それまでの書きことばの中心であった漢文・漢文訓読体あるいは和語の文体を固守しようとする「和漢学者」への上田の反発でもあるだろう。

上田万年

しかし自由民権運動の終息を象徴する加波山《かばさん》事件・秩父事件（ともに一八八四年）などがあいつぐと「欧化熱」への反動としての「国粋保存熱」が高まる。そうなると、「国語国字問題は、又他の側〔「国粋保存」〕から奨励されるやうになつて来た。憲法は発布〔一八八九年〕されたが、国語国字問題は、依然として解決されなかつた」と上田はいう。「欧化」から「国粋保存」へと揺れ動くなかにあっても、常に国語国字問題が意識されていたということである。とすると、「欧化＝啓蒙」から「国粋保存＝教化」に国家目標が変更されても、ことばはそれぞれの目的のために利用されつづけてきたわけである。

時代ごとの政治状況に左右されても国家の運営のための「国語」の「統一」が求められてきた。国家制度を支えるための「国語」であるから、それは当然のことともいえる。

歴史的な「国語」として

国家、国家と連呼しすぎた感がある。しかし、制度を担うことばを学び、使わねばならないとなると、国家による支配をどうしても連想させる。「標準語」が学校教育で教育され、それを使うことがよいことだ、とされてきた歴史をみても、抑圧的なイメージを拭《ぬぐ》うことは難しい。

とはいうものの、こうした抑圧的なイメージが伴っては、「国語」を国民のものとしていくことは困難である。したがって、抑圧をそれと感じさせない手法も必要となってくる。そのひとつが「国語」を通じて国民の一体感をつくりだすことであった。これが「国語」のつくり方のもうひとつの側面である。

先ほどまでみてきた、「いま現在同時に書かれ話されている」という表現に対応させれば、「歴史的に書かれ話されてきた」ものとして、「国語」をつくりあげていく必要が生じるのである。具体的にいえば何世紀の文献からこういったことばが話されていた、というようなことを明示することで、国の「歴史」とともにことばがあったことを示す必要がある。

とはいえ、近代国民国家にとっても「歴史」とは、その国民国家の枠組をそのまま時間的にさかのぼらせるなかでつくられていくものである。つまり、日本史の授業で学んだことを思いかえせば明白だが、奈良時代の歴史を学んだとしても、それは政権があった奈良地域の地域史でしかない。しかも、いま現在の日本国の領域を実効支配していたわけでもない政権である。それが「日本古代史」となるのである。奈良地域史が日本史として近代日本の各学校で教育されていくこと。たとえばこうしたところから、「歴史」と「伝統」を共有する一体の国民という意識が形成されていくわけである。そういった教育をうけてきた身からすると当然のことにも思えるが、立ち止まって考えれば、違和感がある。

ことばについても同様である。たとえば、『万葉集』のことばはいま現在ではすぐにすべては理解できない。しかし、現代語にいたるまでの歴史的変化をあとづけることで、両者がつながることを証明できたとしたら。両者のあいだにある歴史的変化をあとづけていくことが、歴史的に書かれ話されてきたものとして「国語」をつくることである。これは、「国語」を時間的にどこまでさかのぼらせることができるか、ということでもある。

方言利用の本質

「国語」を時間的にさかのぼらせるときに、各地の方言が利用された。たとえば諸説あるものの、八丈島方言には奈良時代のことばが「残って」いるとか、琉球方言は室町時代ごろに本土方言から分岐した、などと位置づけることによって、「国語」の「歴史」の一部を構成することになるのである。

方言学者東条《とうじょう》操《みさお》（一八八四～一九六六）は「言語の時代的変遷は、之を方言の上にうつして、そのまま之を観察する事ができる事がある」と一九二七年に述べ、「琉球方言に原始国語の俤《おもかげ》を想像した我々は、九州方言に室町時代以前の古代語の姿を髣髴《ほうふつ》する事が出来る」としている（『国語の方言区画』）。「国語」の歴史が、現在の国家の空間に方言という形で投影されているということである。

このように方言研究は「国語」の歴史をさかのぼるために必要とされた。したがって、国家制度を担う「国語」をつくることが主として政策的になされていくことに比べると、学問の場で「国語」のこのもうひとつの側面がつくりあげられることになる。

「国語」の誕生

以上のように、実務的に国家の諸制度を担うと同時に、同じことばを昔からともに話しつづけてきた、という点での国民統合を象徴する役割も担ってはじめて「国語」が完成する。このことは、空間的均質性だけではなく時間的同一性をも再構成してはじめて――つまりその時空間を現在に軸足を置いて整理することではじめて――国民国家が誕生するということと相似している。

このように国民国家の制度を担うという人為的な機能と同時に、「歴史」「伝統」「文化」「民族性」という精神的な要素が盛り込まれたものを、本書では「国語」ととらえる。

ここまでの記述でカッコつきの「国語」と表記してきたのもこの含意を示すためである。今後も煩瑣《はんさ》だが「国語」と表現していく。

血肉化する「国語」

このように「国語」をつくりあげることとは、「配電システム」としての「国語」に「歴史」を与えることになる。その結果、「国語」とははるか昔から存在する「自然な」ものだという意識が生じる。そして「国語」は国民の血肉と化す。国民である以上、そこから逃れられない。もともとはさほど関係のないものだったにもかかわらず、それがもともと自分のものであった、という錯覚が生じるのである。

このことを証明するかのように、上田万年は「国語」とは「国民の精神的血液」だと主張している（「国語と国家と」一八九五）。「血液」という比喩はわかりやすい。つまり、それがなくては生存できないものであり、「純粋」でないと凝固してしまう。つまり、必要不可欠であり異質なものを排除する、という含意がある。この血液の比喩によって、国家制度としての「国語」につきまとう抑圧感はみえにくくなる。

こうして「国語」は、序章で引用したエドワード・サピアがいう「歩行と同様」の「自然さ」とは違う、国民国家にとっての「自然な」ことばとなる。こうして「国語」とは、国家の言語であり、かつ国民の言語という意味になる。とくに、国民の言語であるとされたことは、国民国家日本の構成員とされた人々にとっては実感の湧きにくいものであっただろう。みずからが日本国の国民であるという強烈な自覚をもたされると同時に、同一の「国語」を話せ、ということになるわけであるから。しかも、その「国語」とは普段話していることば

（方言）よりも優れたものだ、とされたとしたら。

　こうしたなかで方言ではなく「国語」への真・善・美の価値づけや「国語」にこそ「国民精神」があるのだという主張がなされ、教育などを通じて浸透し、「話してわかる」ことばとしての「国語」を話すことが要求される。そしてそれを阻害するのが方言だとされていく。

　たとえば、上田万年の弟子であり、日本の言語政策に長年にわたって中心的に関与しつづけた保科孝一《ほしなこういち》（一八七二～一九五五）は、一九〇一年の『国語教授法指針』で、「方言の発生わ、事実止《や》むお得ない」としながらも「こー分裂した国語でわ、教育の一大目的たる、国民的精神の発達お期することわ六《むつ》かしい」から「一日もはやく標準語お制定し、これによって、全国の方言お統一して、教育の発達お計ることが、刻下の急務である」としている。

　保科のいう「標準語」を本書の意味での「国語」におきかえれば、国家規模での流通が保証された「国語」、つまり「配電システム」としての「国語」に道徳的価値が付加されるのである。

　この「国語」は大規模なコミュニケーションへの欲望と、「近代」「文明」を表象するものとして「あこがれ」をかきたてる存在となる。方言は学校や役所などの公的領域から排除され、家庭内などの私的領域でのみ使用されるべき言語となる。そしてまた近代の方言とは「国語」との関係のなかでのみとりあげられるようになるのである（たとえば、「国語」の普及にとって邪魔であるとか、「国語」の古い形を残す貴重なものとして、など)。

国民国家による「国語」の専有

たとえ国民としての一体感をもたらす「歴史」が与えられたとしても、こういった「国語」のあり方が暴力的でないとすることは、国家による管理・統括という力がその後ろに控えているという点で、困難である。

しかし、「国語」を話すことと礼節とが結びつき、その習得が社会的上昇(より上級の学校への進学や都市ではたらき成功することなど)のためのパスポートとみなされるなかで、この暴力はみえにくくなる。「自発的」に「国語」を学習することがこうした暴力をみえにくくさせる。必要なのは、その「自発性」が一体どこから来るのかをみきわめることである。

たとえば、一八八二年に「山形県士族」である太田政徳が刊行した『小学普通諸礼式』の「言語」の項目には、このようにある。

○詞《ことば》は、高低なく、遅速なく、能《よ》く分る様に、言べし、常に慎て、俗の流行詞《はやりことば》、軽口、及ひ、賤《いやし》き詞などを、使ふべからず、こうした「礼式」への意識が植えつけられたところに「国語」が入り込むことは簡単である。

そしてさらに、国民国家の時空間を保証するのが「国語」であるから、こうした時空間の暴力から逃れるのは困難になる。国民国家は方言や異言語を排除し、「国語」を専有するのである。このことは、言語学的には差がない言語が話されている地域に国境線が引かれた場合に、それぞれの国家の「国語」として、あえて差を強調していく傾向がある点からも、納得がいくであろう（たとえばセルビア語とクロアチア語との関係など）。

「専有」とはつまり、国民国家という単位でしか「国語」が論じられない、ということである。国民国家に専有された「国語」は、それまでのことばが地域あるいは階層の差異と連動していたのとは異なり、より上位の集団である民族そして国民と結びつく。

国民国家という単位でしか「国語」が論じられないとすると、国民国家内部では等しく流通していなければならないという点での普遍性をもつことになる。しかしながら国境線を越えると「国語」ではなくなるので、その点では限定性をもつともいえる。

国民国家内での限定性ということは、国民国家の「歴史」を共有できる共同体に対してのみ、「国語」話者としての正当性が与えられるということである。

このように普遍性と限定性とは表裏一体の関係にあるので、植民地社会への普及の際に本音と建前があらわれることになる。たとえば、植民地で「国語」の教育を施され、どんなに「正しい国語」を話すようになっても、決して「真の日本人」ではない、とされたように。

またのちにみるが、「国語」は帝国日本の共通語としての役割をも与えられるので、「国語」に国境線を越えさせるためには、別の普遍性を獲得していかねばならなくなる。

3　ナショナリズムとしての国語国字問題

戦争と国語国字問題

国語教育学者平井昌夫（一九〇八〜九六）は一九三八年の『国語・国字問題』（ペンネーム「頼阿佐夫」での執筆）のなかで、「国語国字問題」が「重要国策」として社会の共通問題とされるのは大規模な「戦争」のあとだという指摘をしている。

平井はそこで、大規模な戦争にも比べられる明治維新直後、日露戦争後、そして一九三八年という刊行時期を反映した「支那事変」（一九三七）の三つをあげている。そうした「戦後経営」が考えられる時期には、思いきった革新的な政治を必要とし、国家永遠の栄を念ずべき政策」がとられる、という。

明治維新直後についてはすでにふれた。ここでは日露戦争後についてふれることにする。そして、「支那事変」をめぐる時期および「支那事変」の結果ともいえる一九四五年の敗戦後の問題はのちにまたふれることにする。

「戦争」ではいやおうなく「外部」を意識せざるを得ない。「戦争」という変革の要因は、「内部」の変革要因となる、ということである。

日清戦争後

明治維新直後の国語国字問題は、基本的には「啓蒙」を軸としたものであり、国民全体をまきこむまでのうねりにはならなかった。ところが、近代国家としての日本の形成のひとつの指標とされている一八九四年から九五年にかけての日清戦争を経験すると、統一されたことばへの欲求が高まる、ということはここまでみてきた通りである。

上田万年は日清戦争のさなかの講演「国語と国家と」で、「国語」への愛を、母への愛と同様に、そして皇室への愛とも同様に説き、「国語」とは国民の精神的血液であるとした。これはナショナリズムと結合した主張にほかならない。

そうした思想に裏うちされていても、上田は「国語に対する手入れは充分になされ居らずや」と、具体的に「国語」が整備されていないと嘆かざるを得ない状況にあった。

上田の議論に代表される「国語」の形成を求める声は言論界では日清戦争後の一九〇〇年前後に強まる。このことは、後述する国語調査委員会が一九〇四年に編纂した『国字国語改良論説年表』をみると、この時期に新聞・雑誌などでの議論が活発だったことからもわかる。

そして現実の要請として教科書表記や、どの語彙を標準とするか、あるいは漢字をどの程度制限するか、または廃止するか、どういったかなづかいをしていくか、といった点が検討されることになる。こうした新聞・雑誌などに掲載された記事を集めた『国語改良異見』(一九〇〇)、堀江秀雄纂『国字改良論纂』(一九〇二)などの論集が刊行されたが、『国字国語改良論説年表』をふくめて、具体的な主張はそれぞれ異なるとはいえ「改良」すべきものとしてとらえられていたことに注意したい。

上田の『国語学の十講』から再度引用すると、日清戦争開戦の一八九四年は「国民が清国に対する敵愾心《てきがいしん》の極めて盛な時であつて、漢字漢学から独立して、此《こ》の国語国字問題を解決しようと云ふ上には、非常によい機会を形作つた」という。

そして主として教育界で盛んに議論がなされ、「小学校に国語科が置かれ」「仮名遣の改良の実施され」「漢字制限の調査を初め《ママ》」「言文一致の文章を以て小学校の教科書を全然編成しようと試み」「中学校に於ける漢文科を廃止して純粋の国語科の下に在来の国漢文教育を統一しようと試みた」という時期であった。このことを、日本の「国語を統一し、在来の漢文の羈絆《きはん》から脱しようと試みた」と上田はまとめている。これが一九〇〇年前後の国語国字問題の核心であった。

そもそも、戦争とはその勝敗にかかわらず、ナショナリズムをかきたてるものである。そしてナショナリズムをかきたてる道具のひとつが言語である。

たとえば、『国字改良論纂』を編纂した堀江秀雄（『神社と郷土教育』『復古神道』などの著作がある）はその「自序」で、

> 今や 時勢わ 日本を して 世界の 優等国 たら しめ、 日本国民と して 世界の 優等国民 たら しめ た が〔……〕国として わ 世界の 手本となり、 国民として わ 世界国民を みちびい て やら れる よーに なら ねば ならぬ。

とし、そのための国民教育の普及が必要で、それには「国字改良」が不可欠だという論になっている。日清戦争後の「優等国民」という意識をかきたてている点を指摘しておきたい。

帝国大学教授上田万年

一八九四年六月に留学から帰国した上田万年は、その翌月に帝国大学教授となる。日本は

すでに朝鮮半島で軍事行動を起こしていたが日清戦争の宣戦布告は八月一日のことである。「国語」の不在を日清戦争のさなかに強調していた上田は帰国翌年の九五年に以下のような論文を各種雑誌に公表している。

＊「国語研究に就て」『太陽』一巻一号、一月
＊「標準語に就きて」『帝国文学』一巻一号、一月
＊「国語と国家と」『東洋哲学』一巻一一号・一二号、一月・二月
＊「言語学者としての新井白石」『史学雑誌』六巻二号・三号、二月・三月
＊「教育上国語学者の抛棄《ほうき》し居る一大要点」『大日本教育会雑誌』一六三号、三月
「清濁音」『帝国文学』一巻六号・九号、六月・九月
「本居春庭《もとおりはるにわ》」『帝国文学』一巻七号、七月
「欧洲諸国に於ける綴字改良論」『太陽』一巻七号、七月
「新国字論」『東洋学芸雑誌』一六九号・一七〇号、一〇月・一一月

このうち、＊印を付した五本の論文・講演に、留学前に発表した「日本大辞書編纂に就て」（『東洋学会雑誌』三編二号、一八八九年二月）を加えて、六月に単著『国語のため』（冨山

房）を刊行する、というハイ・ペースで上田はみずからの主張を世に問うていった。

この単著の冒頭には「国語は帝室の藩屏《はんぺい》なり　国語は国民の慈母なり」ということばが掲げられている。国民の母であり、皇室を護《まも》るもの、という「国語」に与えられた機能は、言語ナショナリズムを明白に示している。

この「国語と国家と」が中等学校の国語教科書に採録された時期があり、「国語」の不在を嘆く主張よりも、まず「国語」への愛を語る、きわめてイデオロギッシュな利用のされ方がなされていった。

国語調査委員会の設置

「国語」の不在を嘆いていた上田は、研究機関として帝国大学内に国語研究室を設置しようとし、一八九五年に総長に要請している。その文書に上田の「国語」観がはっきりとあらわれているので紹介する。

まず、「我大日本帝国の国語は　皇祖　皇宗以来我国民的思想の顕表したるものにして所謂《いわゆる》大和民族の精神的血液たるものなり」と天皇家の「歴史」とともに「国語」を位置づける。そして「国語」の機能として、「人種の結合」が強固になり、それを教育することで「国民的性質」を帯びる点をあげている。

こうした「国語」の「過去に於ける歴史を討究」し、「現在に於ける状況を洞察」し、「未来に於ける隆盛を布図する」ことは「国家の自ら為すべき義務」だとする。それは、大日本帝国憲法が制定され日清戦争の結果台湾などを獲得して「帝国の版図新に拡張せられ」たこのときに是非とも必要だ、とナショナリズムとからめて論じ、大学内に国語研究室を設置し、資料の収集、子弟の教育、そして「科学的知識及方法」でもって研究をするべきだ、とする。

植民地領有や憲法制定を持ち出すところなど、行政文書らしい展開だが、上田自身の「国語」観とそれをどうつくりあげていくかが明確にあらわれている。東京帝国大学文科大学に国語研究室が設置されたのは、一八九七年のことであった。

こうした研究機関の設置と並行して帝国教育会（一八九六年発足）は、上田万年らが結成した「国字改良会」を合併して、国字改良部を一八九九年に設置し、意見書などを発表していた。その帝国教育会の会長辻新次《つじしんじ》は一九〇〇年に「国語国字国文ノ改良ニ関スル請願書」を提出、衆議院・貴族院でともに「建議」として可決され、それにもとづいて「国語調査会」の設置がなされた。

委員には近代郵便制度創始者でひらがな専用論者でもあった前島密《ひそか》（一八三五〜一九一九）、上田万年、そして辞書『言海』の著者として知られる大槻文彦《おおつきふみひこ》（一八四七〜一九二八）など五名が任命された。しかし翌年度の予算は議会で否決され、一九〇二年三月末に、ようやく

「国語調査委員会」として官制公布がなされた。四月に加藤弘之を委員長、上田万年を主事として計一一名が任命された。

同月早速第一回委員会が開催され、その調査方針を、

一　文字ハ音韻文字（「フォノグラム」）ヲ採用スルコト、シ仮名羅馬字等ノ得失ヲ調査スルコト

二　文章ハ言文一致体ヲ採用スルコト、シ是《これ》ニ関スル調査ヲ為スコト

三　国語ノ音韻組織ヲ調査スルコト

四　方言ヲ調査シテ標準語ヲ選定スルコト

と七月に発表し、適宜臨時委員や補助委員を任命しながら活動を開始した。

明治初期には一部知識人が主張するだけだったが、一九〇〇年前後に、官主導によって「国語」をつくりあげることが具体的に始まったのである。

この方針「一」は裏返せば漢字廃止の宣言である。この宣言の基礎には、「二」とも関連するが、それまでの書きことばの中心であった漢文訓読体からの離脱のための漢字の排除という志向があった。さらに、上田などが学んできた近代西洋言語学では文字よりも音声に分

国語調査委員会の面々　右から保科孝一、新村出、１人おいて上田万年、１人おいて大槻文彦

析の重点がおかれていたことの影響もある。

しかし委員会のこの方向性は、次にみるように表記のあり方をめぐる対立軸になっていく。

表記の整理統一

具体的に国語調査委員会などはどのように「国語」をつくりあげようとしたのだろうか。

簡単にいえば、「国語」の文体や変種、そして表記文字の整理統一がなされていったのだが、この整理統一の軸になるのが「比較」という作業であった。

たとえば、一九〇四年一一月に刊行された国語調査委員会編『方言採集簿』（保科孝一担当）は、国語調査委員会調査方針「四」にもとづいていた。

また、方針「四」および「三」にもとづき、一九〇三年九月に「音韻並ニ口語法取調ニ関スル事項」を国語調査委員会が印刷し、全国師範学校や教育会へ発送・調査依頼をしている。その回答の結果を集め、『音韻調査報告書』『音韻分布図』を一九〇五年に刊行し、同時に調査した口語法の結果も一九〇六年に『口語法調査報告書』『口語法分布図』として刊行した。これを素材の一部として『口語法』（一九一六）、『口語法別記』（一九一七）が編纂された。

一九〇四年四月の『片仮名平仮名読ミ書キノ難易ニ関スル実験報告』は、国語調査委員会が臨時委員として元良《もとら》勇次郎《ゆうじろう》・松本亦太郎《またたろう》（ともに心理学者）に委嘱して「精神物理学的実験」によって「片仮名平仮名ノ優劣」の判定の一助としたものであった。

内容は、カタカナ、ひらがなの、たてがき・よこがき、よこよみ・たてよみ、それぞれについて被験者の速度を計測するものであった。どこまで「科学」的か判然としないが、カタカナのよこよみ・よこがきが効果的という結論を下している。これは、国語調査委員会『仮名字羅馬字優劣論比較一覧』（一九〇四年一一月）とセットの実験であった。

国定教科書の登場

また、一九〇四年四月から小学校で国定教科書（第一期）の使用が開始される。これも整理統一の一環であった。教科書国定化以前は文部省検定をうけた教科書を各府県の審査委員会が採択する制度であったため、出版社と審査委員の贈収賄が横行し、ついに一九〇二年、全国摘発がなされた（教科書疑獄事件）。

修身教育の一元化をはかっていた文部省はこれを好機として、すべての小学校教科書の国定化をはかった（ただし一九〇三年の小学校令改正では「修身、日本歴史、地理ノ教科用図書及国語読本」だけが国定教科書必須だったが、一九一三年までに全教科目を国定化）。

その結果、国定国語読本が使用されることになった。そして、文部省が見本を作成、民間業者が翻刻印刷し（一九一三年までは民間の一〇名に許可していたが、以降は日本書籍・東京書籍・大阪書籍の三社）、国定教科書共同販売所（一九〇五年五月合名会社。翌年八月株式会社）を通じて全国の児童に頒布されることになった。

しかし、そもそも、教科書が一種類しかないということは、どういう意味をもつのだろうか。前の段落の記述に利用した『近代教科書の変遷』（一九八〇）では、大量印刷によって安価になったが、文部省内で編纂方針がたてられるので方針変更が困難なことと、「一つの思想によって作りあげられた教材が全国の生徒の考えを一つの型に入れ」「一部のものの思想が編集にあたる人々に強力にはたらいて教科書の内容を改変してしまう」という問題点を指摘している。一九〇七年時点での義務教育（小学校四年間）の学齢児童総数は約六五〇〇万人おり、就学率は九四％なので、六〇〇万以上の全国市場に一学年一教科につき一種類のものが流通することになる。ある意味ではきわめて異常な状況が形成されたのである。

ことばの面でみれば、教科書が一種類になったことで、表記や語彙を「標準」として一方的に確定する権利を文部省が握ることになったのである。

棒引仮名遣の採用

それでは、国語教科書である『尋常小学読本』の内容をみてみよう。これはまず一九〇〇年の小学校令施行規則制定に準じた表記であった。この改正によって仮名字体の整理がなされ、字音《じおん》仮名遣（漢字語のよみがな）の棒引《ぼうびき》（「校長」に「こーちょー」とふりがなをつけること）が教科書に登場することになる。なおこのとき、教科目として「国語」が登場している。

また、文体として口語体が採用された。たとえば『尋常小学読本　二』の「チョーチョガ　マフ　ノ　モ　コレ　カラ　デス」という一文をみると、口語体であり、分かち書きである。それよりも注意したいのは、字音仮名遣が棒引（「蝶々」を「てふてふ」ではなく「ちょーちょ」と表記）である一方で、和語のよみがなである国語仮名遣は従来のまま（「舞ふ」を「まう」ではなく「まふ」と表記）という点である。表音表記とそうでない表記が混在するかなづかいの体系が登場したのである。ただしこれは、初等教育の口語文だけに限られたものであった。

教科書かなづかいの浸透

では、こうしたかなづかいの浸透はどの程度だったのだろうか。一九〇五年三月刊行の文部大臣官房図書課『仮名遣試験成績表』をみてみよう。これは図書審査官吉岡郷甫《よしおかきょうほ》(『尋常小学読本』の編者でもある)が熊本・宮崎に出張の際に尋常小学校・中学校・高等女学校で行なった、かなづかい試験の結果報告書である。

棒引の表音表記は、文部省の原則によれば、小学校・口語・字音仮名の三要素が揃ったときにのみ行なわれる。しかしながらこの区別が混乱し、表音的と歴史的、国語仮名遣と字音仮名遣で苦闘する児童生徒の姿が、この報告書からうかがえる。

たとえば、尋常小学校での調査で「咲く」の未然形+助動詞「う」について。「咲く」は和語なので、棒引の対象にはならない。したがって「正答」は歴史的かなづかいの「さかう」。しかし正答率は一三%だけで、ほかは「さこー」「さこう」などであった。

あるいは、棒引かなづかいとは無縁であるはずの高等女学校(熊本県)での調査では、「教導」に字音仮名遣の「正答」の「けうだう」とできたのは三%。国語仮名遣では「植ゑ」と書けたのは二二%(「植う」はワ行下二段活用)で、ほかは「植え」(発音表記)や「植へ」(ハ行活用と混同)であった。

正答率の低い例をあげたが、逆に「未だ」の正答率は九一%であるものの、三%は「ひまだ」と答えている。つまり、「い」と発音するものは必ず「ひ」と書くと覚え込んでしまっている生徒がいたということである。

文部省『国語仮名遣改定案』

この『仮名遣試験成績表』との因果関係があるのか、一九〇五年三月に文部省は「文法上許容スヘキ事項」「国語仮名遣改定案」などを高等教育会議・国語調査委員会・帝国教育会・師範学校に諮問した。この諮問は『官報』六五一七号（一九〇五年三月二五日）に全文が掲載されている。

その方針は、教育の場に限定し、口語・文語、国語仮名遣・字音仮名遣、小学校・中等学校という区分をすべて超えて同一の原則を適用させるものであった。諮問では全三一条の「本案」と全三〇条の「別案」が提示された。以下「本案」の例をみる（漢字もかなづかいも原文のまま）。

瓜生岩《うりゅーいわ》わ福島縣の人なり、十七歳のとき會津《あいず》藩士瓜生氏に嫁ぎたりしが、よく夫としゅーと、しゅーとめとにつかえ、下男、下女をいたわり、もっぱら家事をはげみたりしかば、家《いえ》のもの、みな、むつみあいて樂しく、くらしたりき。

このように文語であっても、助詞「を」以外は徹底した表音・棒引である。また「本案」の「参照」に植民地台湾の国語教科書（台湾人児童用の台湾総督府編『台湾教科用書国民読本』一九〇一～〇三年刊行）の引用が二例ある。うち一例（巻六「第十課　遠足　二」）。

この　生徒　わ　べんとお　お　すましてから、山　お　おりて、今、下の町　え　きました。町の　りょおがわ　にわ、いろ〳〵の　物　お　うる　店　が、たくさん　ならんで　います。

棒引が「お」であること、分かち書き、助詞「を」が「お」であること以外は、「本案」とほぼ同一の原則である。植民地「国語」教育の実例が「参照」ではあれ登場する点に注意したい。むしろ、登場して当然という認識があったとみるべきだろう。

この諮問への国語調査委員会・府県師範学校・帝国教育会（高等教育会議は答申を国語調査委員会に委任）の各答申をまとめたのが『仮名遣諮問ニ対スル答申書』（文部大臣官房図書課、一九〇五年一二月）である。多少修正はあるが文部省の方針を是認している。

国語調査委員会方針の否定

しかし、諮問以来、賛否の議論が噴出、新聞・雑誌をにぎわした。こうした諸議論を文部省は一九〇六年に『明治三十八年二月仮名遣改定案ニ対スル世論調査報告』にまとめている。それをみると、議論白熱のなか、二千余年にわたる「金甌無欠《きんおうむけつ》」(外国の侵略をうけず強固であること)の「国体」と「国語」を護持すべきだという、東久世通禧《ひがしくぜみちとみ》伯爵を会長とした歴史的仮名遣を主張する「国語会」が設立されてもいる。

結局文部省は議論をまとめられず、すでに答申があるのに別組織・臨時仮名遣調査委員会を一九〇八年に設置・諮問する。この諮問案は字音仮名遣での棒引をやめた程度で、委員会諮問時の牧野伸顕《まきののぶあき》文部大臣演説には「字音仮名遣法ト国語仮名遣法トヲ出来得ルダケ統一シ、〔……〕之ニ依テ国語教育ノ困難ヲ除キ其発達ノ便ヲ計ランコトヲ主眼ト致シマシタ」とある。対象も教科書表記に限定し、全体として穏当な姿勢である。

臨時仮名遣調査委員会は一九〇八年六月から七月にかけて計五回開催されたが、七月に成立した桂太郎内閣で文部次官が改定反対の岡田良平となったこともあり、九月に諮問案は撤回され同月の文部省令により一九〇〇年以前の仮名遣に戻ってしまった。

国語調査委員会の方針は、ここに否定されたのである。

議事録では、たとえば陸軍軍医森林太郎(鷗外)のように「私ハ御覧ノ通リ委員ノ中デ一人軍服ヲ着シテ居リマス」（第四回）と高圧的な態度で改定に反対するものがいる一方、文部書記官渡部董之介は「逓信省及統監府ノ告示」や朝鮮の『小学読本』、台湾の『国民読本』という日本語用教科書から表音的仮名遣の例をあげている（第一回）。

また国語学者大槻文彦は「今日ハ台湾朝鮮満洲其外ヘモ日本ノ言葉ヲ弘メネバナラズ、又外国人ニモ学バセネバナリマセヌ、ソレニ発音ト文字トガ変ハッテ居ルト云フコトハドウモ不都合デハアルマイカト思ヒマス」（第二回）と日本語を普及する際の効率を重視していた。

なお、探偵小説家の江戸川乱歩（一八九四〜一九六五）は教わる側としてこのかなづかいの変更を体験している。一九五九年の回想では、かなづかいが「元にもどった」のに「こりた」と述べている。したがって、この経験から敗戦後の「現代かなづかい」、当用漢字にも、五年間様子をみて、もどることもないと判断し従うことにしたという（「ひとつの世界、ひとつの文字」）。

国語調査委員会の挫折

ともあれこの一連の動きを、上田万年『国語学の十講』では、日露戦争後は教育社会も、国語国字問題も保守的となり、「今日では寧《むし》ろ日清戦争以前、維新後の形勢に逆戻りしつゝあるかの感がある」と総括している。国語調査委員会の中心人物であった上田のうらみがましい述懐だが、「日本が世界列強の間に立って一等国民として世界に闊歩《かっぽ》する時機」と、「支那の漢字そのものが全然不用になつて往《い》くことを目撃する時機」がくれば、国民は国語国字問題を真剣に考えるだろう、としている。

上田は一九〇八年一一月に、国語調査委員会主事を辞任した。

その後、一九一三年六月に国語調査委員会は財政改革の一環で廃止される（官制そのものは臨時国語調査会まで継続）。しかしながら、臨時国語調査会（一九二一年六月～一九三四年一二月）、それを引き継いだ国語審議会（一九三四年一二月～二〇〇一年一月）と言語政策機関の流れが続くなかで、漢字削減の方針は上田の弟子の保科孝一を中心として粘り強く続けられていくことになる。

一方で表音表記を求める声は強く、教育の場から表音表記をなくした岡田良平も、漸進的なかなづかい改定を行なうよう保科孝一に命じて一九一六年五月から国語調査事業を再開させた（当時岡田は文部大臣）。そして次の文部大臣中橋徳五郎のとき（原敬内閣）の一九二一年六月に臨時国語調査会の官制が公布されることになる。会長には森鷗外が任命されたが、森の死亡に伴い上田万年が会長となった（一九二二年七月）。

「国語」の表記は、歴史の強調と現実的要請とのあいだで、植民地などでの「日本語教育」も視野にいれた整理統一の要請を背景に、この後もぶれつづけていくことになる。ただし、かなづかいの大幅な変更は、敗戦を待たねばならなかった。

それでは、元にもどされた表記の浸透具合はどうだったのだろうか。徴兵検査のときに同時に「壮丁《そうてい》教育調査」と称される学力調査がなされることがあった。たとえばぐんと時代を下げて、一九四三年度に行なわれたときの報告書をみてみる。

そのなかに「ウタヲウタイナガラ　ススミマシタ」という一文の「ウタイ」の「イ」をわざわざ指定し、このかなづかいが間違っているから正答を書け、という簡単な問題があった。しかし、「ウタヒ」であると正答した率は平均で約二三％でしかなかった。最終学歴による正答率の差異はあるが、一九〇八年から再度教育されているはずのかなづかいの基本問題の正答率から、「正しい」表記の浸透の困難さをかいまみることができる。

4　「国語」と国語学

国語調査委員会の成果

ここまでみたような「国語」をつくりあげる作業を学問的に支えたのが、国語学であった。あるいは、国語学はこうした作業を行なうために生まれたともいえる。

国語学という名称は一八七二年の文部省布達に下等中学（学制で上下二等の中学が設置された）の教科名としてあらわれるといい、学問分野の名称としては一八九〇年前後から定着していった。

すでにみたように一八九七年に東京帝国大学文科大学に国語研究室が設置され、一九〇二年には文部省内に国語調査委員会が設置され、具体的作業が国家的プロジェクトとしてなされていった。

国語調査委員会の活動は、表記問題や口語法の設定など、国家制度を担うための「国語」をつくりあげるといった点だけに集中しているようにみえる。しかしながら、「国語」の歴史的研究に関する成果もある。たとえば『仮名遣及仮名字体沿革史料』（大矢透、一九〇九）、『平家物語につきての研究』（二冊、山田孝雄《やまだよしお》、一九一一、一九一四）などは特筆すべきものである。いわば国語調査委員会の活動と連動するなかで、近代の国語学も学問的に、かつ人的にも形成されてきたといってよい。

国語調査委員会の補助委員には、国語研究室出身者や研究室助手などが多く、助手経験者であった国語学者新村出《しんむらいずる》（一八七六～一九六七）も補助委員に任じられている。ただし新村自身はこうした両組織の人的つながりを「欠陥」だと指摘している（「思い出を語る（二）」一九五九）。

科学としての国語学

国語学の理念は何だったのだろうか。近代国語学の祖・上田万年の理念をみてみよう。先に紹介した、国語研究室設置を要請した文書では「科学的知識及方法」による研究を主張しており、まずは国語学とは「科学」でなければならなかった。

では上田のいう「科学」とは何だったのだろうか。上田が学生時代・留学時代を通じて習得してきたものは比較言語学であった。それゆえ、比較こそが「科学」であった。たとえば明治中期の国語学界を一九三三年に回顧するなかで、上田は「比較研究なしに、科学は勃興しない」と明言し、「国語学を一個の科学としてみるときには、人類学・人種学等と同じく、世界の人類、世界の言語の学問と同じく、この言語と人類との関係が、如何《いか》なるものであるかを研究せねばならぬ」として、「日本人の話す国語」が世界の言語とどういった関係になるのかを国語学はあきらかにしなくてはならない、としている。したがって、「国語を研究し、国語の歴史・性質を闡明《せんめい》し、世界の言語上に於て、日本語の有すべき地位を確定することこそが学者のなさねばならない研究だという（「国語科学講座」の発刊を喜ぶ」）。

比較研究こそが科学であり、他言語との位置関係を確定することが言語の科学なのだ。比較言語学とは、単純にいえば、比較の対象とする言語の、より古い形を再構成し、両者の関係を探索する学問である。したがって、歴史的に書かれ話されてきた「国語」をつくりあげることと、比較言語学とは、古い形にさかのぼるという点で密接に連関している。

「日本帝国大学言語学」の射程と配置

それでは、上田の具体的な構想はどのようなものだったのだろうか。

上田が帝国大学で行なった「博言学」（一九〇〇年に「言語学」の講座ができるまで、「博言学」と呼ばれていた）の講義のノートからみていきたい。このノートは新村出が筆録したものである。上田が比較言語学で目指したことが明確にわかる。つまり、「日本帝国大学言語学ニ就テ」と題された項目では、世界諸言語の語族（インド・ヨーロッパ語族など、系統関係にある言語グループ）のうち日本語はどの語族に属するのかをあきらかにすべきだとする。語族を構成していくことが比較言語学の役目のひとつであるから、日本語の系統を探ることは、比較言語学に寄与することになる。

上田は「日本帝国大学言語学」が研究対象にする言語を、「北ハ Corea《コリア》 ヲ経テ満洲ノ語 Chinese ヲ経テ西蔵、印度 Ainu 語」、「南ハ Malay《マライ》, Polynesia《ポリネシア》 等ノ言語」だとする。そして、「我ガ大学言語学ノ講座ハ、之等 Oriental Philology ヲ研究」、つまり東洋の言語学によって「日本語ノ位地ヲ定ムル」ことにあるとしている。その際には、インド・ヨーロッパ語族の研究者の手法を活用すべきだともしている（新村出筆録・柴田武校訂『上田万年　言語学』一九七五）。

この当時の言語学者や言語学科の学生は、この「日本帝国大学言語学」の構想に沿って配置されていた。たとえば、橋本進吉（一八八二〜一九四五）は古代日本語、小倉進平《おぐらしんぺい》（一八八二〜一九四四）は朝鮮語、伊波普猷《いはふゆう》（一八七六〜一九四七）は琉球語をそれぞれ専攻した。かれらの一学年後輩で一九〇四年に東京帝国大学言語学科に入学した金田一京助（一八八二〜一九七一）はアイヌ語、後藤朝太郎《ごとうあさたろう》（一八八一〜一九四五）は中国語を専攻する。また、当時教鞭をとっていた藤岡勝二《ふじおかかつじ》（一八七二〜一九三五）は満洲語とモンゴル語の専門であった。マライ・ポリネシア諸語は、上田の初期の弟子小川尚義が該当する。小川は領有当初の台湾に「国語」を教えに派遣されるが、「台湾語」の研究ばかりではなく少数民族語の研究も行ない、のちに台北帝国大学教授となる。

こうした「日本帝国大学言語学」の構想に沿って研究者を配置していったことの傍証として、金田一京助がアイヌ語を研究対象にしたのは、アイヌ語専門がいないことを上田が講義で嘆いたからだと回想している点をあげておきたい（『私の歩いてきた道』一九六八）。金田一は自発的ではなく、「残りもの」としてアイヌ語研究を選んでいったのである。

この構想について上田は『国語学の十講』でも以下のように述べている。つまり、「国語の研究には二つの異なつた研究の方向がある」として、文字に記録された史料にもとづいた研究と、「今日現存して居る各地方の方言を材料」とした研究で、両者があってはじめて「国語史といふものゝ知識を得る」ことができるとする。

さらに古代日本語研究に際しては、「現存の言語、例へばアイヌ語、朝鮮語、満洲語、南洋諸島の言語の如きものから研究」したり、「諸外国の記録に残つた言語から研究」すべきだという。しかし、これまでは文献資料ばかりが重視されており、周辺言語の研究などを考慮してこそ、つまり「此の知識を、世界の言語全体、殊に東亜地方の各言語族に関する知識と比較対照させて、始めて茲《ここ》に我が国語の性質を明らめ得る」、「言語学的の比較研究を待ちて、始めて茲に国語の性質が確定される」としている。比較研究が、上田にとっての科学であり、ひいては国語学が科学たることを保証するものでもあった。

金田一京助

近年の研究では、国語学の国家主義的な、政治的な側面が強調されている。たしかに国民国家形成と「国語」の確立とは密接不可分な関係にあり、そこに学問としての国語学が関与したことは否定できない。ただ、上田万年が一九世紀末に国語愛を強調して国民国家日本への無私の愛を説き、「国語」をつくりあげることに尽力した一方で、まっとうな学問・科学として国語学を定着させようと努力していたことも強調してよい。

上田にとっての国語学とは、江戸時代以来の国学における言語研究の手法から離れた、日本語に関する、とりわけ比較言語学的研究のことであった。ただ、科学と政治とは上田のなかで矛盾しない。政治の潮流に親和するには、学問に科学性・合理性がなくてはならない、と「学者的政治家」（保科孝一の評）の上田はとらえていた。国語調査委員会などを通じて国家の言語政策・教育政策に関与していくことも、科学的で合理的な介入なのであった。

新村出の場合

上田の述懐だけみていると、比較言語学礼賛の時代であったかのようである。しかし、上田より九歳若い新村出は、一九三三年の『言語学概論』で、明治期の比較言語学の導入について、かなり率直な批判をしている。

つまりそれは、「輸入当初より往々直ちに国語運動の所依の原則として之が軽率に用ゐられた嫌ひがないでもな」く、「利用厚生的に能率本位的に言語学が使はれたやうな場合がなかつたとは云はれない」という。その結果、「比較言語学の皮相が伝はつて国語と他国語の無造作な比較研究を促がし、比較すべき相互の国語の当該国語学の研究を忽諸《こつしょ》に附したやうな方法論上の誤謬《ごびゅう》が頻繁に犯された」と厳しい指摘が続く。さらに比較言語学の流行が日本人の起源論の流行とあいまったものであったとの指摘もあり、「表面狭義の比較学風」などと痛烈である。

明示されてはいないが、言語学を「国語運動の所依の原則」（かなづかい表音化や漢字廃止の主張をさす）と断じたことも含めて、謦咳《けいがい》に接した上田への批判である。新村からすると、「国語」を政策的につくりあげようとすることと学問とを結びつけたことに疑問をもったのだろう。

新村 出

ただし、新村が筆録した上田講義をみる限り、比較言語学の紹介として十分なものである。新村も上田の「功績」として、国語研究室を設定し資料を収集した点、少壮の学徒を育成した点とともに、ヘルマン・パウル（一八四六～一九二一）の『言語史原理』（ドイツ語、*Prinzipien der Sprachgeschichte*、一八八〇）を演習のテキストとして紹介した点をあげている。音韻変化の法則に例外を認めない青年文法学派の主要メンバーであったパウルのこの著作は、比較言語学の前提である言語史記述のための基本書ともいえ、その紹介をした点を評価すべきだというのである。

二つの「国語学」？

新村がどうとらえるかはともかく、国語学と「国語」との関係については、国語学者亀井孝（「かめいたかし」とも表記。一九一二～九五）の判断が正確だろう。文献学的に国語史を縦横に論じ、『言語学大辞典』（三省堂、一九八八～二〇〇一）の編者のひとりでもあった亀井は、両者の関係を一九七〇年に次のように断じている。

国語学が〝国語〟の　観念を　つくりだし　その　〝国語学〟は　それを　ささえる　体制によりかかって　または　呼応して　みずからを「国語学」と　称して　きた（「「こくご」とは　いかなる　ことば　なりや」）

本書でもこのように「国語」と国語学を位置づけ、近代の国語学の展開と変容を追っていきたい。亀井のいう「〝国語〟の観念」とは、ここまでみてきた、国家制度を担うものとしていま現在同時に書かれ話されるものとしての「国語」であり、なおかつ歴史的に一貫して書かれ話されてきたものとしての「国語」というとらえ方である。

その一方で、東京帝国大学の系譜に属さない（中学中退）国語学者山田孝雄《よしお》（一八七三～一九五八）の国語学のとらえ方もある。

山田は『日本文法論』をはじめとする国語学の諸業績はもとより、各種古典の注釈などの国文学の業績、『国学の本義』『大日本国体概論』などの国史学・文献学・国学の業績も多い。国語問題についても『国語尊重の根本義』『国語政策の根本問題』『国語の本質』などの著書を残している。その山田が一九三五年に著した『国語学史要』の記述は「国語学史」であるにもかかわらず、明治前期までで終わっている。その理由は、「今の国語学といふものは明治の中頃に西洋の言語の学問が輸入せられて来てから、それらに説く所の理法に国語をあてて説かうといふのが主眼になつてゐる」からだという。

「真の国語学」とはそれ以前のものだというわけであり、亀井のとらえ方とは異なるもうひとつの「国語学」が存在するかのようである。

新国学としての国語学

たしかに、上田に代表される者たちが、西洋言語学を日本に適用しようと苦闘をしてきた点は明白である。したがって、それまでの言語研究との断絶をみないわけにはいかない。

本書でいう国語学は山田が記述を終えた地点から始まる。それは亀井が暗示するように近代国民国家形成と密接に結びついている点で、それまでと大きな断絶があるからである。

これは国語学に限ったことではない。たとえば国文学も、上田より十年遅いドイツ留学で文献学の手法を学んだ芳賀矢一（一八六七〜一九二七）が東京帝国大学の国文学科の中心となって、新たな学問として出発させている。芳賀は一八九〇年に『国文学読本』（立花銑三郎共編）を著し、一貫した日本の歴史の流れのなかに各文学作品を置き、「国文学史」として再編した。こうした一八九〇年代の動きを、『近代文体発生の史的研究』（一九六五）などの著書がある国語学者山本正秀《まさひで》は一九四二年に以下のように述べている。

まず、芳賀については「従来の近世国学の註釈的なのとは違つて、国文学を全体的に一貫したものとして取扱ひ、それを全体的に体系づけんとした」ものとした。また、「上田万年の国語に対する高邁《こうまい》なる識見と国語尊重の愛国的提唱、及び少壮新国文学者芳賀矢一の近世国学の性格究明と日本文献学の提唱とが、明治に於ける新国学の真の叫びであらう」というように「新国学」として位置づけている（「明治の新国学運動」）。近代国民国家にとって不可欠の学問という意味で、「新国学」という評はあたっている。

ところで、『国語学史要』を明治前期で終わらせた山田孝雄は、近代以降の西洋言語学に毒された国語学を以下のように批判している。つまり、近代の国語学は、「言語一般の理法を説くもので、文明の言語も野蛮の言語も一様に取扱ふ」西洋言語学の影響をうけたため、「国」という意識がなくなり「国家を捨象した学問の姿になつてゐる」と。その結果「国語の基が国民精神にあること、又国語そのものが国民精神の貴重な宝庫であるといふやうな重大な点が、殆ど顧みられない」というのだ（『国語学史要』）。

上田も「新国学」として出発したわけであり、「国民精神」を決して軽視していないことは、「国語と国家と」でみたような国を護り皇室を護るものとしての「国語」という考え方からしても、あきらかである。山田の批判は「国民精神」の解釈に関わる主観的なもの（江戸期までの「伝統」をどううけとめるのか、といった点など）にすぎない。

辞書編纂・方言学

「科学」であると同時に「国学」であること。これが「新国学」である。こうした視点で近代の国語学のあり方をみてみたい。

たとえば、国語学者のひとつの使命に辞書編纂がある。どの語彙が「国語」で、その意味はどういったものかを確定していく作業である。「国語」の目録である辞書は、その規模が大きいほどよいものとされ、そうした辞書をもつことが、明治時代には、文明国の証明であるともされていた。実際には個人の努力のもとで成立する辞書編纂作業が「国民文化」の一大金字塔とみなされ、辞書の規範性（＝「正しくない」ことばの排除）が確立していく。

単語の意味を記述する際にはその単語の歴史的な変遷も重視された。また単語の語源が重視されるのも、歴史的に書かれ話されてきたものとして「国語」をつくりあげるやり方と無縁ではない。最初の近代的国語辞典とされる大槻文彦著『言海』(一八九一)が語源の説明を重視しているのは大槻の好みとはいえ、「国語」の歴史を示そうとしたものともいえる。

また、国語学の一分野である方言研究も、こういった「国語」をつくりあげることと無縁ではない。方言を、「標準語」形成といういま現在同時に書かれ話されるものとしての「国語」をつくりあげる際の材料として採集・記録する(国語調査委員会が大規模に方言調査をしたことを思い起こしてほしい)。その一方で、方言に古語が残っている点を重視して、何世紀の「国語」がどこそこの方言に残っている、と認定することで歴史的な一体性をもつものとしての「国語」をつくりあげることに関与する。

この両側面で、方言学は「国語」の構築に大きく貢献した。とくに後者は、「国語」を強制的に普及させるのに多少なりとも貢献した。つまりみずからの話すことばが「国語」を歴史的に構成する一部であるとされ、それと対応関係があると学問的にみなされれば、方言を「矯正」することで「国語」話者になれるという幻想を生みだすことになるからである。

ただ、方言がかつての歴史を反映し、そして「庶民」のことばを濃厚に反映したものであるとする方言学は、いまでも主流である。それはたとえば、『方言が明かす日本語の歴史』という書籍のタイトルからもわかる。

ともあれ、近代の国語学は、西洋言語学の手法を取り入れて国家制度を担うものとしての「国語」をつくりあげる一方で、国民精神のよりどころとしての、つまりは歴史的に国民が一体性をもっていると思わせるための「国語」をつくりあげてきた。後者の点で、近代の国語学を批判しようとした山田孝雄も立派な近代の国語学者なのである。

東京帝国大学だけの国語学なのか

上田万年の意図した国語学をもってすべてを論じてはいけない、という批判が出てくるであろう。たしかにそうである。

ひとつには、東京帝国大学全体の特徴としての官学アカデミズムという学風がある。つまり国家運営に寄与するような学問研究が優遇される、という点である。たとえば上田は文部省の専門学務局長（一九〇一～〇二）。高等教育の担当局。当時の文部省には普通学務局とこの二局しかなかった）を兼任している。帝国大学教授が兼任することはさほど珍しくなく、のちに文部次官や文部大臣、帝国大学総長などになるものもいた（清水康行「上田万年をめぐる二、三のことども」一九九六）。

また東京帝国大学の次に国語学の講座が設置されるまでにしばらく時間があった、ということもある。つまり、東京帝国大学の次に設置されたのは京都帝国大学で、一八九七年のことである。そもそも東京大学が設立されたのが一八七七年（一八八六年の帝国大学令によって帝国大学となる）のことであり、二〇年ものあいだ、大学は一校しかなかったのである。

京都帝国大学に当初予定されていた文科大学（文学部）は一九〇六年にようやく設置され、そのなかでも国語学国文学講座はさらに遅れて一九〇八年の設置であった。

開設当初、作家の幸田露伴《こうだろはん》（一八六七〜一九四七）が教授待遇講師として任じられたのは比較的知られた話である（一年後に退職）。助教授には東京帝国大学卒の吉沢義則《よしざわよしのり》（一八七六〜一九五四）が任じられた（『京都大学百年史』）。東大の国語研究室設置が一八九七年のことであるから、そこから数えても十年以上東大関係者が中心となって政策に関与する国語学をつくってきたともいえる。京大はそれに関与しなかった分だけ、政策的なところとは一線を画していたという主張もできる。たとえば吉沢義則の業績は多岐にわたるが、上田の日本帝国大学言語学のプロジェクトとは関係のないところにいた。吉沢以降は、朝鮮語などの外国語資料などによる日本語研究が京大国語学のひとつの特徴となっている。

しかしながら、かれらが上田や同時代の学者による政策的な関与、つまり国家制度を担うものとしての「国語」を政策的につくりあげていく過程に直接に関わっていなくても、文献研究などから、結局は「国語」を歴史的に一貫したものとしてつくりあげていく作業に関与しているということに変わりない。

第2章　植民地と「国語」・国語学

1 「同化」のための「国語」

「国語」の次なる目標

日清戦争の結果、日本は台湾を領有する。一八九五年のことである。また保護国の期間を経て、朝鮮（当時は大韓帝国）を「併合」したのは一九一〇年のことであった。

こうした植民地では、日本語を「国語」と称しつづけた。教科目としての「国語《こくご》」が登場するのは、植民地となった台湾でのほうが日本よりも早かったという事実は象徴的である。一八九六年三月、台湾総督府直轄諸学校官制の公布により、国語学校、国語学校附属学校、国語伝習所が設置された。学校の名称をみてもわかるように、こうした学校の教科目のひとつとして「国語」が登場したのである。

日本語教育ではなく、帝国臣民に施される「国語」教育だ、という位置づけである（したがって、現今の日本語教育史などで、「植民地における日本語教育」といういい方がなされているのは、不正確である）。具体的な教育政策などでの「国語」による「同化」の分析については、種々の専門書で読めるので割愛するが、制度的に存在する種々の障壁を見えなくさせるために、文化的には帝国臣民として統合しようとした、ということである（たとえば、駒込武『植民地帝国日本の文化統合』一九九六など）。

まずは、具体的な資料をみることにしたい。国語調査委員会が一九〇三年に全国規模できわめて不十分な形ではあるが口語法、音韻を調査し、その業績のひとつとして『口語法』を完成させたことはすでに述べた。その意図は、いま現在話すべきことばにも標準を設定しなくてはならない、というものである。

さらにいえば、方言ではなく「口語」には「法」、つまり規則がなくてはならないという前提のもとでの編纂である。話しことばに基準と法則を発見し統一することは、植民地での国語教育と深く結びついたものであった。

『口語法』の翌年の一九一七年に刊行された『口語法別記』の「はしがき」で、大槻文彦は次のように述べている。

口語の目当とするものを、何と定めようか〔……〕。東京わ、今わ、皇居もあり、政府もある所で、全国中の者が、追々、東京言葉を真似《まね》てつかうようになつて来て居るから、東京言葉を、日本国中の口語の目当とするがあたりまえのこと、思う。〔……〕東京の教育ある人の言葉を目当と立て、そうして、其外でも、全国中に広く行われて居るものをも酌み取つて、規則を決めた。かようにして出来たのが本書の口語である。台湾朝鮮が、御国の内に入つて、其土人を御国の人に化するようにするにわ、御国の口語を教え込むのが第一である。それに就いても、口語に、一定の規則が立つて居らねばならぬ。口語法わ、実に、今の世に、必用なものである。

「東京の教育ある人の言葉」を「口語」の標準にする、という宣言であるとともに、台湾・朝鮮の「其土人を御国の人に化するようにするにわ、御国の口語を教え込むのが第一である」と述べていることに注意したい。「同化」の手段としての「口語」である。

これは近代国民国家とともに形成された「国語」の次なる目標でもあった。何はともあれ、植民地で「国語」が話されなくてはならなかったのである。もちろん、当初はかつての書きことばである漢文によって、つまりは筆談で意思疎通をはかることもできたが、それでは特定の階層にしか通用しない限定的なもので、漢文は、たとえば台湾での話しことばとはまったく異なるものであるから、長期的にみれば効果の薄い手段であった。

文字によるだけの意思疎通ではなく、「口語」を話させること。上田万年の表現を借りれば「国語」の「未来に於ける隆盛」がここで実現する。大概はすでにみたように、臨時仮名遣調査委員会で、表音的なかなづかい支持の立場であった。その理由のひとつに、「今日ハ台湾朝鮮満洲其外ヘモ日本ノ言葉ヲ弘メネバナラズ」というものがあったことを、思い起こしておきたい。

「東洋全体の普通語」の意識

さらにいえば、上田は一八九五年に、

国語の「ミガキアゲ」に尽力し、かくして啻《ただ》に日本全国を通じての言語をつくり出すのみか、苟《いやしく》も東洋の学術政治商業等に関はる人々は、朝鮮人となく支那人となく、欧州人となく米国人となく、誰でも知らんではならぬといふ、謂《い》はゞ東洋全体の普通語といふべき者をも、作り出さうといふ大決心を有《も》つものであります。(「国語研究に就て」)

と述べている。このように「国語」という概念は、「東洋全体の普通語」＝「大東亜共栄圏の共通語」という射程のなかで一九四五年まで作用していくことになる。

明治初期に「世界」＝西洋の「文明」を享受する手段として表記論などが論じられたことに対比させると、明治末期以降、「文明」を体現した「国語」で東アジア「世界」にその「文明」を伝播させていくために、「国語」の表記論・文体論などが、「日本語」という新たな概念を生みだしながら議論がなされていく。

朝鮮語——同系論の主張

「国語」は近代国民国家の制度を担うものとして整備されてきた。そうした「国語」には国民国家内でのみ有効な普遍性と同時に、国境を越えることに関する限定性が付与された、といえる。しかし、「国語」の構築に直接的には関与しない植民地でも「国語」を普及しなくてはならない。となると「国語」のあり方は、また別の色彩を帯びてくることになる。「国語」の強制・暴力をそれと感じさせない仕組のひとつとして、「文化」「伝統」を盛り込み、はるか昔から書かれ話されてきたものとして「国語」をつくりあげる必要があった、ということも指摘した。

しかしこうした仕組は、植民地では作用のしようがない。文化的に統合していくならば、「国語」の悠久の「歴史」が反映された表記や文体こそが尊ばれるべきだ、ということになるからである。その一方で現実的な問題を考えると、植民地ではまず何よりも「国語」が話される形で普及していなくてはならない。大概の「口語」による「同化」という主張の根拠はここにある。

朝鮮語については日本語との同系論が主張された。比較言語学の手法で日本語と朝鮮語とを関連づけていこうとした人物のひとりに言語学者金沢庄三郎《かなざわしょうざぶろう》（一八七二〜一九六七）がいた。一八九六年に帝国大学博言学科を卒業した金沢は当時の大韓帝国に留学し、朝鮮語の研究を行なった。そして、博士学位論文をもとにした『日韓両国語同系論』（一九一〇）や『日鮮同祖論』（一九二九）といった書物のなかで、比較言語学という「科学的」手法をもちいつつ、朝鮮語は琉球語と同じく日本語の「一分派」、あるいは「方言」であることを証明しようとした。

『日韓両国語同系論』が一九一〇年という韓国併合の年に出版されたことが暗示するように、こういった同系論は、現実の政治的な併合という事態を、本人の意図とは関係なく、学問的に後押ししたととられたことを指摘しておきたい。金沢は上田の「日本帝国大学言語学」のプロジェクトの一員ではなかった。金沢が教えた学生のひとりである小倉進平はその一員であったが、研究を進めるにつれて小倉は同系論には慎重な立場になっていく。

ともあれ、過去のどこかで「国語」とつながるといった論法は、「国語」と方言との関係と相似する。しかし、朝鮮語は、日本語の「国語」の構築に現実的に関与はしなかった。

日本語との同系が学問的に証明され、「国語」の古い形がそこに残っているとしてしばしば言及された琉球語の場合でも、現実には、たとえば教育の場での「国語」は、「他府県並み」にならねばならないという目標のもとで、その習得が叫ばれたのであるから、そこにむきだしの暴力がはたらくことは否定できない（近藤健一郎『近代沖縄における教育と国民統合』二〇〇六）。したがって、過去でつながっているといった同系論は何の効果もない。かえってだからこそ「国語」の習得が容易なのだという論法にすりかえられていく。

文明としての「国語」

あるいは、「国語」は「近代」や「文明」を体現したものであるから、それを通じて近代化・文明化がはかられるのだ、という論も流行していた。日本語こそがアジアの諸言語のなかで西欧「近代」の諸制度を担い得た「文明」の言語であるという自信がもたれるようになった。たとえば、一九〇五年の堀江秀雄「日本語の世界的地位」という文章には、

わが国語わ、われら五千万の同胞が、常に口にして、互に意志を通じ、智識を交換してをるものであって、わが日本民族の思想、文明の全体わ此の中に含まれて居るばかりでなく、わが国の歴史、文学などを味うのにわ、これをおいてわ他に研究する手段わないのであるから、国語わ、われ〳〵に取って大切な宝物であるばかりでなく、わが日本と交通し、貿易し、この事物を研究し、この文明の徳に浴したいものなどに取ってはこの日本語を学ぶほど急務なことわない。

とある。「国語」とは「文明」を担う言語であり、堀江は「わが日本の文明によって新智識を得ようとする後進国の子弟」はそれを学べと主張する。またこの論文のなかで、日露戦後のポーツマス会議において「戦勝国」である日本の言語が会議言語とならなかったことがなにより大きな屈辱であるとしており、戦勝と言語への自信が相関することを如実に示している。

そしてまた文明化の前提には、文明化する対象への蔑視《べっし》がなくてはならない。たとえば、朝鮮総督府のある官僚は、朝鮮・朝鮮人は「不潔、柔惰《じゅうだ》、固陋《ころう》、に流れ易き個性」をもっており、それを「文明の民」たらしめるのは日本の使命だとしていた（小宮三保松「併合の目的は同化に在り同化せんとせば先《ま》づ彼我親善融和せざるべからず」一九一一）が、これはとりたてて珍しい論調ではなかった。したがって、「国語」の普及は崇高で自己犠牲的な作業とみなされた。「未開」を「文明」化するのは近代国家の証《あかし》なのである。

「真の日本人」からの排除

文明化の議論は「国語」の普遍性を保証するためのものであるが、「国語」の普遍性と限定性とがせめぎあう場として、植民地があった。「口語」で「同化」していく、というが、では、植民地とされた地に住む人たちが、「国語」を習得し、流暢に話したら、「同化」されたということになるのだろうか。

序章で少しふれたが、「国語」とは「国民の誰のものでもあるが、結局は特定の誰かのもの」だとすれば、「誰かのもの」からまっさきに排除されるのが、植民地の人々である。植民地側からの「自発的同化」なるものが、たとえあったとしても、それを本質的に拒絶する構造が、もとから「国語」に準備されていたのである。どれだけ「国語」を習得したとしても「真の日本人」にはなれないとする排除である。

たとえば、台湾在住十年以上という人物により論じられた植民政策論がある。そのなかで、巧みに日本語を話す台湾人通訳に、都々逸《どどいつ》「君と別れて松原行けば松の露やら涙やら」を翻訳させたところ、「此の歌謡が伝ふる情調に触るゝ何等の琴線をも有せざるが如く」翻訳し、その「訳文は殆ど原歌の意を伝へて居なかつた。〔……〕毫《ごう》も日本文化の内容に触るゝことなく唯《た》だ機械的に職業的に通弁的に日本語をあやつるのに過ぎなかつたのである」(柴田廉『台湾同化策論』一九二三)と批判的に述べている。

翻って、この論者は台湾にいる日本人の話すことばが「ニーヤ、チレ高いある、まける宜《よ》ろしい。リー、ゴア、ペンユウ有るぢやないか」というように台湾語まじりのブロークンなものになっていることを戒めるのだが、都々逸が理解できないからといって非難するのは、無理矢理に「真の日本人」から排除したがっているとしか解釈できない。率直にいえば、無茶苦茶な話である。

しかし「一視同仁《いっしどうじん》」という天皇の平等な視線のもとでの「同化」が目指されたのであるから、その排除を明示してはならない。先に「国語」と方言とのあいだにある暴力的関係（「国語」に真善美の価値を置き、その正反対のイメージで方言を語り、「国語」の習得を迫ること）についてふれた。こうした関係をあきらかにせずに方言話者の「自発性」として「国語」を習得しようとしたととらえることは、「国語」の暴力を内面化させた側面を見落としてしまう。

これとほぼ同様の構図を、「国語」と植民地異言語とのあいだに描くことができる。つまり、植民地異言語話者が「国語」を学習しなければならないのは日本語方言話者が「国語」を学ばねばならないのと同様である、という主張がしばしばなされていたのである。そして「国語」こそが「文明」「近代」であるというイメージを植えつけた。さらに一九三〇年代後半以降になると、方言を「標準語」ととりかえるように異言語も「国語」にとりかえていくべきだといった論も登場する。こうした議論に植民地の国語学がどのように関与していったのかを、以下みていくことにしたい。

2　植民地帝国大学と国語学

植民地帝国大学の特殊性

植民地にも帝国大学が設置された。朝鮮には一九二六年開学の京城帝国大学（二四年に予科設置）、台湾には一九二八年開学の台北帝国大学である。ちなみに法制的には植民地では日本の法律は原則として施行されない。朝鮮総督と台湾総督という天皇から統治を委任された人物を頂点に戴く総督府に権限が集中しており、独自の法律（朝鮮では「制令《せいれい》」、台湾では「律令《りつれい》」と呼ばれた）の施行や日本の法律を選択的に施行するかなどは総督府の判断によった。この両帝国大学はそれぞれの総督府の管轄下にあった。

こうした植民地帝国大学では、ほかの帝国大学とは異なり、朝鮮や「満洲」、台湾や東南アジア地域の研究を行なう講座が設置された。たとえば、京城帝国大学には、法文学部のなかに「朝鮮史学講座」「朝鮮語学及朝鮮文学講座」などの講座が設けられ、台北帝国大学の文政学部のなかに、「土俗学人種学講座」や「南洋史講座」などが設けられ、その立地ならではの研究がなされていた。

しかし、あくまでも帝国大学令に則《のっと》って植民地に設置された帝国大学であり、入学試験や講義は当然のごとく日本語で行なわれ、教員も学生も圧倒的多数が日本人であったことを忘れてはならない。

ちなみに帝国大学は、東京帝国大学（一八八六）、京都帝国大学（一八九七）、東北帝国大学（一九〇七）、九州帝国大学（一九一〇）、北海道帝国大学（一九一八）、大阪帝国大学（一九三一）、名古屋帝国大学（一九三九）の順番で設置されていった。このうち、北海道帝国大学は東北帝国大学農科大学を分離して発足したもの、大阪帝国大学は官立大阪医科大学を母体に、名古屋帝国大学は官立名古屋医科大学を母体にして成立したものであり、理工系重視の帝国大学であった。これは戦争を拡大していく日本の工業力を支えていくための帝国大学であったともみることができる。この三つの帝国大学に文学・政治・経済に関する学部が存在しなかったことは、その証明でもある。

京城帝国大学

こうしたなかに、それぞれ当初から法文学部と文政学部を備え、そのなかに国語学国文学講座をもっていた京城帝国大学と台北帝国大学とを置いてみると、どういったことがいえるだろうか。東北帝国大学が法文学部を設置したのは一九二二年、九州帝国大学は一九二四年であった。つまり、東北や九州でも当初からは設置されなかった、「国」の名前が冠された講座が植民地の帝国大学に当初からあったことは、そうした講座がもつ、学問的な、というよりは政治的な重要性を示している。

植民地帝国大学に法文学部や文政学部があるからこそ、地域に特徴的な講座の存在が許されたという側面のほうが大きい。何といっても、台北帝国大学の土俗学人種学講座の学生はその一七年の歴史のなかでたったの一人（それも日本人）だったのだから（坂野徹『帝国日本と人類学者』二〇〇五）。

京城帝国大学の「国語学」

植民地帝国大学の特徴ある講座は、その地域社会の歴史や文化を対象としたものであるので、その講座のなかにあってはそれと向きあうことが大前提となる（向きあい方はともかく）。ところが、近代国民国家の形成のために発展してきた「国語学」は、植民地の社会や文化などと接触がなくても、その学問的基盤には何らの変更も生じないはずである。

しかしながら、『尋常小学国語読本』（第三期国定教科書。一九一八年四月使用開始）の編纂経験（一九二〇〜二二）がある国文学者高木《たかぎ》市之助《いちのすけ》（一八八八〜一九七四）であっても、京城帝国大学在職中（一九二六〜三九。のち九州帝国大学へ）には「朝鮮の国語教育について」（一九三六）といった初等教育における朝鮮人児童の日本語教育の実態を報告する論文を書かざるを得なかった。また同じく国文学者植松《うえまつ》安《やすし》（一八八五〜一九四五）も台北帝国大学に赴任して、その地の国語普及率などを報告する文章を残している（「台湾の国語」一九三二）ように、そこに住む以上、みずからのものとは異なる文化・言語と直接間接に向きあわざるを得なくなるのは当然の事態であった。

すでにみたように、近代国民国家形成のための新たな「国学」として国語学は帝国大学のなかでその役割が与えられた。その国語学が植民地帝国大学のなかでどのような変容を示したかをみていかねばならない。

時枝誠記

そうなると、植民地を異文化接触の場としてとらえることになるが、それが帝国大学内部の学問の場にまで影響を与えることは稀《まれ》であった。しかし、数少ない例として、国語学者時枝誠記《ときえだもとき》（一九〇〇〜六七）をとりあげたい。

時枝は、東京帝国大学文学部国語国文学科を一九二五年に卒業し、二七年に京城帝国大学法文学部国語学国文学第二講

座に赴任した（講座増設の際に高木市之助が時枝を招聘。四三年まで。以降は東京帝国大学に転任）。時枝は、上田万年のもとで国語学を学んだ。上田のいう「国語愛」に時枝自身も感銘をうけていたが、植民地をかかえた時代状況で、その考えを変更せざるを得なくなった。

つまり、上田の「国語は国民の精神的血液」という主張に従えば、日本人にとっての精神的な血液は「国語」となるが、当然朝鮮人の精神的血液というのは「朝鮮語」ではないかというのである。上田的論理を適用したうえで、その矛盾に直面したのである。「国語《こくご》」は朝鮮で話されるべき言語だが、それは朝鮮人の精神的血液ではない言語である。

こうした問題を解決するために、時枝は京城帝国大学で独自の言語観を形成していった。具体的には『国語学原論』（一九四一）にまとめられる諸論考を、朝鮮にあって執筆していった。この諸論考の文法論・表記論などを貫く言語観は「言語過程説」（時枝は「言語過程観」と呼んでいた）として知られるようになるのだが、時枝はここで導き出した言語観にもとづき一九四二年から四三年にかけて、朝鮮半島における言語政策を論じるようになり、先の「矛盾」に解答を与えようとした。

言語過程観とは

時枝の言語政策論に潜む問題をみるには、まずは、その言語過程観の問題をみないわけにはいかない。

言語過程観とは、「言語が言語として存在するための存在形式を主体的表現過程と観る言語観」である。ここで重要視されるのは、「主体」と「表現過程」である。このように言語を「主体的表現行為」ととらえるため、「言語に対する主体的立場——即ち実際に言語的表現を為す主体の立場——と、かかる主体的所産としての言語を、客観的に観察する観察的立場とが区別せられ」、さらにこうした言語表現の成立には「主体（話手）と、場面（話手の相手である聴手）と、素材（表現せられる事物或は観念）との三者の存在条件が必要である」と説明している。

概要はこれで十分である。問題は「言語主体」をもちだしたことで、「言語主体の立場は又これら主体の性格即ち民族性や歴史によつて規定される」とした点にある。

そうなると日本語の場合は、「国語の特質は国語の話手である日本民族の民族精神に由来する」と論じることになってしまう。したがって「歴史的思想的大変革があつた場合、国語が異民族によつて語られる等の場合に、国語に変動を来たすことがあるのは、話手の性格や教養や伝統が相違するから」だという理解が示される。その一方で、「若《も》し国語の伝統を保持しようとするならば、言語主体である話手そのものの言語表現に対する態度についてこれを匡正《きょうせい》し、指導する必要がある」というような議論にいたる（「国語の特質」一九四一）。

また、言語過程観は言語構成観（言語を「概念と音声との結合体として」とらえる言語観）を批判する形で示される。時枝のいう「言語構成観」は、当時の国語学者たとえば橋本進吉や山田孝雄の言語観であるばかりか、構造主義言語学の祖であるフェルディナン・ド・ソシュール（一八五七～一九一三）の言語観だというのである。

ソシュールの『一般言語学講義』は、言語学者小林英夫（一九〇三～七八）が一九二八年に『言語学原論』と題して岡書院から翻訳・出版している（のちに小林は京城帝国大学で時枝の同僚となる）。時枝の『国語学原論』という書名はソシュールを意識したものであろう。

言語過程観とは、「言語」を「心的過程」であり表現行為とする立場である。そして語を表出する過程で「概念過程」を経る語、つまり「言語主体」が、ある概念として対象化する語を「詞」、経ない語、つまり言語主体の意識が反映される語を「辞」と称した。後者はおよそ助詞・助動詞ととらえてよいのだが、「詞」「辞」は鎌倉時代の歌学の用語であり、日本語に即した言語観であることを時枝は強調している。

一方、時枝自身の回想によれば、京都帝国大学の山内得立《やまうちとくりゅう》『現象学叙説』（岩波書店、一九二九）を京城帝国大学の同僚宮本和吉の教示をうけながら一九三〇年代に勉強している（「時枝文法」の成立とその源流」一九六八）。時枝の著作に哲学・社会学・心理学用語がちりばめられているのはそのためでもある。小林との交流もふくめ時枝の国語学と京城帝国大学という場を切り離しては考えられない。

表現過程には「聴手」への伝達の部分も存在し、それを成立させるのが社会であるとされている。しかし、この「社会」について、時枝は何らの規定を行なっていない。とはいえ「過程」として言語が成立しなくてはならないのであるから、その伝達過程が不成立であってはならない。したがって、「価値意識」なるものをもちだし、伝達がより広範囲で効率的に成立する「社会」ほど、つまり予定調和的なものほど、よりよいものと考えていくようになる。

時枝と「主体」

「言語過程観」のなかでくりかえされるのが、「主体」「主体的立場」という用語である。「主体的立場」というと西田幾多郎《にしだきたろう》などの京都学派の哲学者の用語を思い起こすが、直接的な影響を指摘することはいまのところできず、あまり生産的でもない。

ともあれ、「詞」と「辞」を区別するのも、この「主体」の関与の有無であり、先にふれた、時枝がいう言語を成立させる三要素の一つとして不可欠な存在である。

では、「主体」とはなにか。時枝は、言語研究が対象にする「主体」について次のようにいう。「こゝに言語研究の主体と云つたのは、必しも甲とか乙とかの特定個人を意味するばかりでなく、特定個人の言語を通して主体一般を考へることを意味するのである。故に日本語を考へる場合には、日本語の主体一般を考へることゝなるのである」(「言語に対する二の立場」一九四〇)。

つまり、「主体」とは特定個人にとどまらずより大きな範囲、たとえば日本語を考える場合には、日本語話者全体を「主体」としてとらえることになる。

これは「言語過程観」のひとつの陥穽《かんせい》である。もうひとつの陥穽は、言語成立の三要素に「場面(聞き手)」を設定したことである。これは聞き手が理解するにいたる過程を含めて言語だとする「言語過程観」からすれば当然のことなのだが、それが「言語の不可欠な存在条件である場面に対する主体の顧慮を考へることは、言語の真相を把握する所以であり、又言語の社会性を明かにする足場であるといはなければならない」と『国語学原論』で語られるようになると、さまざまな問題を呼びこむことになる。

たとえば、ここから「主体」とは社会生活の制約をうけ、「場面に対する顧慮」を行なう社会的存在であるという認識が導きだされる。また、場面を含む「社会」を変革する存在として「主体」をとらえる可能性もあったのだが、まず第一に「社会」に規定される存在としてとらえることしかできない。極端にいえば、言語が存立できないような敵対関係は、時枝のいう「社会」には存在しないのである。

言語政策論へ

このように言語過程観のなかから「主体」や「価値意識」という概念が抽出されたことで、時枝の言語観は言語研究の枠をはみだしていく。このことは「言語過程観」の帰結として述べておかねばならない。とりわけ言語政策に対する時枝の議論は、この「主体的な価値意識」が軸となったものである。

つまり、「主体的な価値意識」によって「国語」を国家的な価値のある言語と判断し、そのうえで「国語」と朝鮮語・日本語方言との区別を「主体的」に行なうというのである。これは、一九四二年の議論であるが、先に述べた上田の議論との「矛盾」を解決するためのものであった。つまり、「主体」はまずもって国民であるから、日本国という国家のことを考え、国家的価値のある生活を営むべきである。したがって、「主体的な価値意識」からすれば、国家の言語であり国民の言語である「国語」を話すことは当然のこととみなされる。こうして植民地における「朝鮮語」に対する「国語」の優位を、日本における方言に対する「国語」の優位と同様に論じていくのである（「朝鮮に於ける国語政策及び国語教育の将来」）。

ここでの問題は、日本語話者という「主体」が「民族性」や「歴史」の名のもとに均一なものとみなされていること（朝鮮語話者という「主体」も同様である）ばかりではなく、日本語話者という「主体」と同様な存在として、朝鮮語話者という「主体」が矯正・指導の対象になるとされた点である。

こうした議論は、翌一九四三年の論文で、二言語状態を不利なものととらえ、そうである以上朝鮮語を捨てて「国語」に一元化することが「福利」なのだという主張へといたる。朝鮮語の「混乱」にいるよりも、「統一した国語生活」にいるほうが、朝鮮語母語話者にとっての価値として優れているから、「国語を母語化する」のだという論理になる（「朝鮮に於ける国語」）。

時枝の可能性と限界

こうした議論は「国語」に伴う暴力を隠し、「主体的価値意識」という形であからさまに「自発性」を強調するものである。だが、時枝は誰にとっての価値を誰が決定するかということについては一切ふれない。言語過程観のなかでそれは「場面」や「素材」から規定されるが、しいて解釈すれば朝鮮人は日本という「国家」に所属している「場面」で発話を行なおうとするとき、「国家的価値」という側面から「国語」を「主体的」に選択して発話する、ということになる（左頁参照）。

しかし、言語の存在条件である場面＝社会の定義の仕方が曖昧であることは、容易に「国

時枝誠記の「国語」と言語

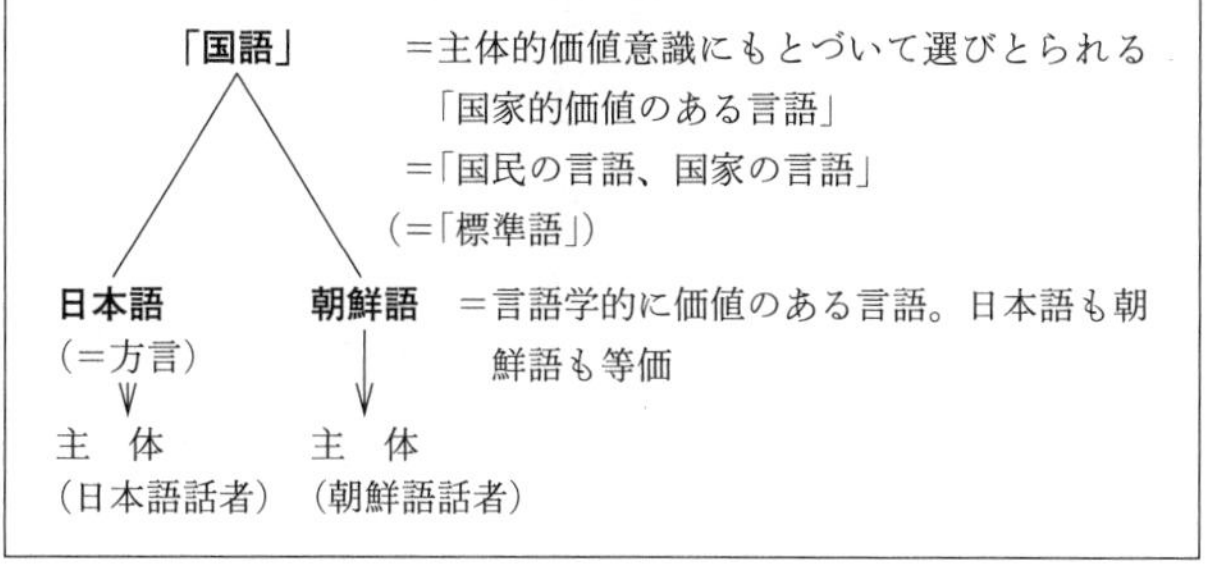

家」と社会とを結びつけることにもなる。そして「国家的価値」ということばが入りこむ。それと同時に、社会あるいは国家に関係してくるさまざまな政治力学（たとえば植民地期の朝鮮であれば支配―被支配といった関係性）をよみこむことをしなかったために、「主体」はそうした力学に唯々《いい》諾々《だくだく》と従わざるを得ない状況を、それこそ「主体」的な「顧慮」のもとに選びとっているのだと述べてしまう。そして、「国語において楽しむ」ために「国語」を朝鮮人の「母語化」せよという主張に帰結するのであった。

　このようにして時枝は、朝鮮人の精神的血液は「朝鮮語」に宿るという議論を抑圧した。そして「自発的」に「国語」という制度に入るべきだと主張したのである。

　時枝は上田万年のいう「日本帝国大学言語学」のプロジェクトの参加メンバーではなかった。したがって日本語の系統論という視点から日本語の周囲の諸言語を見渡すことはなかった。しかし、「日本帝国大学言語学」がその性質から歴史研究を至上としていったのとは異なり、その磁場にいなかった時枝は、植民地社会での言語という現実問題を発見することができたともいえる。時枝は、植民地の帝国大学にあることによって、東京帝国大学で形成された国語学の志向に疑問をもつことができたのである。

ただやはり、時枝の議論には限界がある。これを時枝個人の問題に帰することもできるが、帝国大学自体の限界と国語学がもつ限界とを示してもいる。つまり、植民地帝国大学とその学問は、その地域とどの程度真剣に向きあっていたのか、ということである。

小倉進平と朝鮮語学

それでは、固有の言語である朝鮮語を研究対象とし、時枝の同僚として京城帝国大学に勤務していた小倉進平の場合はどうだったのだろうか。

上田の「日本帝国大学言語学」のプロジェクトに参加していた小倉進平は、大学院修了後、一九一一年から朝鮮総督府学務局に勤務し、余暇や出張で二〇〇余地点での朝鮮語方言調査を行なう一方、文献収集や古い時代の朝鮮語の再構築にも力を注いだ。これは、「日本帝国大学言語学」の目的であった「日本語ノ位地」を探すこと、つまり系統関係を証明していくことの前提条件を整えていくことでもあった。

小倉が朝鮮語の方言調査をはじめて行なった場所は、済州島であり、赴任翌年のことであった。学校に児童を集めさせておいて効率的に質問をしていく、という現在の手法とは異なる方法でなされたが、いまとなっては貴重な資料である（「済州島方言」）。

一九一四年には対馬で方言調査をする（「対馬方言」）が、これらの調査のなかで小倉の念頭にあったのは、それぞれの方言がどちらの言語に属するのかを確定することであった。つまり、済州島方言は朝鮮語の方言であり、対馬方言は日本語の方言であることを確認する論文を書くのである。こうして両言語の境界を確認したうえで、両言語の関係を探るべく、方言調査を展開したのである。

そうした調査結果をまとめたのが、『南部朝鮮の方言』（一九二四）であった。また、文献収集については『朝鮮語学史』（一九二〇）にその成果があらわれている。さらに、古い時代の朝鮮語の再構成については、郷歌《きょうか》という新羅《しらぎ》時代の詩歌の解読や、吏読《りとう》（朝鮮語の構文にしたがって書き下した漢文に添えられた漢字の音訓を使った朝鮮語表記法）などから研究を進めていった。これは一九二四年脱稿、一九二九年刊の『郷歌及び吏読の研究』に結実する（一九三五年学士院恩賜賞）。総督府学務局時代にこれ以外に二冊著書を刊行している。

朝鮮語学会との違い

小倉は、京城帝国大学開学の一九二六年に朝鮮語学朝鮮文学専攻の教授となり一九三三年に東京帝国大学の言語学科主任教授となる（京城帝国大学は兼任）。小倉は朝鮮語学の基礎をつくった人物として知られる。しかし、朝鮮人の手により徐々に行なわれつつあった朝鮮語の構築に直接的には関与しなかった。

一九世紀末から二〇世紀初頭にかけて朝鮮語研究に大きな業績を残した周時経《チュ・シギョン》（一八七六〜一九一四）の遺志を継いで成立した朝鮮人による朝鮮語研究団体である朝鮮語学会（一九二一年に朝鮮語研究会として結成され、三一年に改称。現在の韓国のハングル学会）は、一九三〇年代にその機関誌『ハングル』のなかで各地の方言の採集を呼びかけ、それを朝鮮語の標準語選定の材料にしようとしていた。

そうした流れとは異なり、小倉は仔細《しさい》な方言調査を行なっても、それを朝鮮語の標準語選定のための資料とはみなさず、あくまでも古い形にさかのぼるための手がかりとしていた。たとえば、朝鮮半島南西部の全羅道でとある方言をみつけたときにそれを「新羅以来一千年の伝統を保持せる古い語法の一」（「方言分布上の断層」一九三五）と述べているように、ある方言を一千年以上前の新羅時代のことばと同列にみなしている。これは比較言語学のための資料を歴史的に再構築していくことこそが科学とされた「日本帝国大学言語学」の「正しい」あり方であった。

したがって、いま現在は話されていることばの、たとえば文法を記述するという作業は行なわなかった。やや厳しくいえば、小倉にとって重要だったのは古い形にさかのぼるために必要な朝鮮語の方言であって、その方言を話す話者ではなかったのである。このあり方は「日本帝国大学言語学」のプロジェクトでアイヌ語を研究した金田一京助と同様である。

先に「国語」のつくり方という議論をしたが、朝鮮語を歴史的にどこまでどうさかのぼれるかが小倉の興味の中心であった。一方、朝鮮語学会の一九三〇年代の活動は、辞書編纂・標準語査定・方言採取・正書法制定・外来語表記法などといった、いま現在同時に書かれ話されるものとしての朝鮮語をつくりあげようとしていた。こうした目標が異なる両者が交差することは基本的にはあり得ない。

小倉と朝鮮人研究者

しかし、小倉が京城帝国大学の朝鮮語学朝鮮文学専攻の教授であったことは学問の再生産の一端を担ったことを意味する。ここを卒業していった朝鮮人学生（判明しているだけで一六名）のなかで一九四五年以降に朝鮮語学者として活躍した者は多い。

たとえば李熙《イ・ヒ》昇《スン》（一八九六～一九八九）のように朝鮮語学会で活躍するなど、朝鮮語の構築に関与する者も卒業している。小倉が意図したわけではないが、帝国大学を通じて、学知が別の意図で利用されたのである。これは一九四五年以降の学問の再編の問題とも絡んでくるのでのちに論じるが、植民地帝国大学がもたらした副産物である。

小倉の場合も植民地帝国大学がその地域とどう向きあったかを示す例といえる。くりかえすが、小倉は歴史的にどこまで朝鮮語をさかのぼることができるか、ということを中心的なテーマとしていたのであるから、小倉が必要としたのは、歴史的にさかのぼることを傍証する朝鮮語方言であって、決してその方言を話す朝鮮語話者ではなかったことには留意すべきである。

帝国大学とはこうした研究の場を提供する組織であった。しかしながら、その組織の要請に応じていかねばならないという側面もあり、帝国大学令の条文にある「国家ノ須要《しゅよう》ニ応スル学術技芸ヲ教授スル」という性格もあらわになっていくのである。

安藤正次と台北帝国大学

日本支配下の植民地社会はあきらかに多言語社会であった。こうした状況を植民地帝国大学の学問はどのようにとらえていたのであろうか。

明治以降の言語学者・国語学者のなかで欧米に留学した者は少なくない。もちろん最新の言語学の学習も怠らなかったが、一九二〇年代までのヨーロッパの民族問題に絡んだ言語問題の実情を見聞し、とりわけ第一次世界大戦後の民族自決の潮流のなかで、ある社会や国家のなかで言語をめぐる政治的問題が生じることに気がついた。そして同様な問題が帝国日本においても生じる可能性について検討する者もあらわれた。

国語学者安藤正次《あんどうまさつぐ》（一八七八～一九五二）は神宮皇学館を卒業後、東京帝国大学言語学科選科生（一九〇一～〇四）として上田万年の講義を聴き、深い感銘をうけたという。安藤が漢字の制限や表音的かなづかいを支持するのは上田の影響でもある。その後神宮皇学館教授（一九〇四～一六）などを経て一九二六年三月に台湾総督府高等学校教授に任じられ、同月台湾総督府在外研究員として一年一〇ヵ月間米英独仏に留学している。

一九二八年二月に帰国し、翌月に開学した台北帝国大学文政学部国語学国文学専攻の教授に任じられた。のち、文政学部長（一九三二～三四）を経て一九四〇年に定年を迎える。そして四一年から四五年三月まで台北帝国大学の総長を務めた。敗戦後は国語審議会の委員として現代かなづかい、当用漢字の制定に関わった。一九四六年から東洋大学教授となり一九五〇年から学長となっている。

一九四〇年代に台北帝国大学の総長を務めたということは、総力戦体制期の台湾における学の制度的頂点に立っていたということでもある。

二語併用の地としての台湾

安藤は留学中、イギリスの自治領となってまもないアイルランド自由国での、英語一色からのアイルランド語の復興問題に関する資料を収集し、帰国直後の一九二八年から二九年にかけて「アイルランド自治州の国語政策」という論文を発表した。そして、その最後を、

安藤正次

終にのぞみて、わたくしは、母語のために、国語の復興のために熱血をそゝいでいるアイルランドの愛国者のために甚深の敬意を表する。他日ふたゝびダブリンを訪《おとな》いて、アイルランド語のアイルランドを見出し得る日のよろこびを期待しつゝ。

ときわめて好意的にしめくくっている。

また、一九二九年の別の論文のなかで安藤は「バイリンガリズム bilingualism」を「二語併用」と訳し、国家・社会・個人での併用、標準語と方言の併用もふくめた概念として紹介している。その「二語併用」の実例として、安藤はみずからが居住していた台湾での「国

語」と台湾語、少数民族語などとの「二語併用」に関し、国語教育政策と結びつけて論じている（「二語併用地域における言語教育」）。

時枝と同様に植民地の言語状況をいかに解釈するべきかについて考えていた安藤は、バイリンガリズムという概念を理解していたためか、台湾の多言語状況をある程度は客観的に把握することができた。時枝とは異なり、その経験を国語学という学知に還元しようという志向はなかったが、時枝とまた異なる点は、台北帝国大学内部での地位である。先にも述べたように、安藤は文政学部学部長、台北帝国大学総長といった要職を歴任している。そうした立場が、現実の言語政策への積極的な発言に導くことになった。

帰国後にアイルランド自由国での言語政策や「二語併用」という概念を紹介してはいたが、一九三〇年代後半になると、アイルランド語の復興に肯定的な態度を示していた安藤は台湾における台湾語の地位について否定的な態度を鮮明に示すようになる。

この違いを安藤は、アイルランド語と台湾語という言語の違いにではなく、言語政策の目的の違いに求めていた。たとえばアイルランド語は独立の途上にあるアイルランドの「国語」となろうとしているのに対し、台湾にとっての台湾語はそうしたプロセスにないからである。

また一九三七年の論文では、欧米諸帝国の植民地では宗主国言語を教育しない「愚民化」

を行なっているが帝国日本は等しく「国語」を与えようとしている点で「優れている」ともしている（「国語国字諸問題」）。

過渡的な多言語状況

安藤は帝国日本内にあきらかに多言語状況が存在することを認めている。しかし、それはあくまでも「国語」優位の過渡的な事態であり、多言語状況とは制度的にはもちろん、個人のレベルでも異常な事態だとみなすようになる。

一九四〇年代つまり、台北帝国大学総長の時期になると、そうした方向はより一層明確になり、「国語」専用状態が理想だと明言するようになる。たとえば一九四一年の文章では、

〔……〕わが国の国語政策は、新附の領土に対しては、当初から国語専用主義を採用してゐるのであるから、さういふ対立〔二語併用のこと〕は許さるべくもない。したがつて、本島〔台湾〕における二語併用は、公に認められた制度ではなく、それは、単に過渡期における現実として存してゐるに過ぎないものであることは牢記《ろうき》されねばならぬ。

しかるに、この過渡期における二語併用の現実すら、やゝもすれば、その影を薄くしようとする。それは、せつかく国語の教育をうけたものが、国語を常用しようとしても、

国語使用の機会に恵まれることが少いからである。内地人の少い地方において、ことにこの事実が著しい。これは、一面からいへば、少数と多数との理法から見てやむを得ないともいへるが、また、他の一面から見れば、本島人諸君の、皇民としての自覚に遺憾の点があるからであると考へられる。〔……〕今や、挙島一致、皇民奉公、皇民錬成の大道に邁進してゐる。この大道は、国語常用の線に沿つてゐる。真に皇民奉公の旨に副《そ》ひ、皇民錬成の実を挙げるには、本島をして、急速に国語の台湾たらしめる熱意がこれに伴はなければならぬ。（「皇国民の錬成と国語の台湾」）

と、「二語併用」は将来解消されるべき過渡的状態だと述べ、「皇民」としての自覚によってそれは解消されるのだと言い放つ。

理想としての単一言語社会

そして安藤は一九四二年には朝鮮・台湾といった「外地における現在の異語民族にとつての日本語は、もはや外国語ではないのである。それは国語なのである。やがて、それは、後世子孫の母語たるべき国語なのである」（「日本語のむつかしさ」）とも表明する。異言語の将来的な消滅と、「国語」の母語化を当然のこととして述べているわけである。結論だけみると時枝と同じである。

安藤には、欧州各国で生じる民族問題と言語問題が密接にからまっているという認識はあるが、それと同様の事態が帝国日本の多言語状況下では生じないであろうという、無根拠な思いこみがあった。つまり、帝国日本における日本語と異言語との多言語状況に関して異言語に対する日本語の絶対的優位を疑うことがなかったため、多言語状況を管理可能な事態としてとらえ、最終的には「国語」に一元化できると考えていたのである。

異文化接触のなかから新たな文化が誕生するか、あるいは防衛的となって従来の文化を絶対的なものとみなしていくかという単純な二者択一でいえば、植民地帝国大学に赴任した国語学者たちは後者であった。

「誤用」から方言へ――「国語の台湾方言」

台北帝国大学大学院で一九四〇年から二年間学んだ寺川喜四男《きしお》（一九一〇〜八七）は、台湾人の話す「国語《こくご》」のアクセントに一定の法則を見いだし、それを日本の方言のもつアクセント体系と比較することによって「国語」の「台湾方言」として分析しようとした。

寺川は早稲田大学で英文学を専攻したのち、同大学の文学科国文学専攻に再入学し、在学中に台北の第三高等女学校で英語の教員となる。この女学校は八割方が台湾人生徒であって、彼女たちの話す「国語」に興味をもち、国文学専攻の卒業論文を大部の『北部台湾に於て福《ふっ》建《けん》系本島人の使用する国語のアクセント研究』（一九三九）に仕上げる。

その後、台北帝国大学大学院の学生となって調査を進めた。卒業論文の題目からもわかるが、台湾人（卒論では北部の福建系の人たちのみ対象）の話す「国語」のアクセント研究である。大学院では、その対象を広東《カントン》系などに広げて研究を進めていった。大学院修了後は大東亜省調査官となる（敗戦後は、世界の日本語学を紹介する本などを執筆している）。

その寺川は「国語」の「台湾方言」発生の要因を以下のようにしている。「国語」における発音教育がルーズであって「日本人教師には、地方出身者が多く、夫々《それぞれ》お国訛《なま》りを深く矯正することもなく、教授に当る場合が普通であつて、拠るべき「正しい発音」も明確には示されなかつた」ので、「台湾方言・朝鮮方言などが出来上り」、それが「慣用的に固定してしまつて、日本語方言としての一つの伝統を形成してゐるのである」（『大東亜諸言語と日本語』一九四五）。

このように寺川が台湾人の話す「国語」を「台湾方言」として認定していることに注目したい。「国語」の不統一がその原因なのであるから、それを「誤謬《ごびゅう》」とみなさずに方言とみなすのである。そして方言だからといって、「矯正」を行なえと寺川は主張していない。つまり、そこにあるものを観察すると一定の法則が得られるというあくまでも「科学的」な態度をとっていたのである。理想から現状を語るのではなくして、現状の観察から出発しようとしたのである。

また、寺川は「台湾アクセント」は、単語の終わりから数えて二番目の音節が高くなる、という法則を発見し、「単一型アクセント」であるとした。この「単一型アクセント」は「一型《いっけい》アクセント」とも呼ばれるアクセント体系で、寺川も指摘するように関東・東北・九州の各一部地域でみられるものでもあった（『東亜日本語論』一九四五）。この点が「台湾方言」を主張する際の大きな論拠となった。

異文化接触のなかで新たに発生した事態を冷静に観察していたという点で寺川の議論は興味深い。しかし、それを「台湾方言」としてとらえてしまうと、結局は「国語」の下位区分に組み込んでいくことになることは確認しておきたい。

寺川喜四男と「共栄圏日本語」

その一方で、「台湾方言」としてだけではなく、日本語の母語話者でない人たちの話す日本語に共通の特徴を見いだして（音節の長さ・子音母音の性質が曖昧になること、アクセントの単一化）、それを「共栄圏日本語」と称していった（『大東亜諸言語と日本語』）。しかし、あげられた特徴そのものが十分に説得的に出されたものとはいえず、ある種の時局便乗的な側面があることは否めない。

寺川は帝国大学で国語学を習得した者ではない。したがって、帝国大学の国語学の磁力から は自由であった。「国語」をつくりあげなければならないといった帝国大学の国語学の呪《じゅ》縛《ばく》のなかでは、植民地で話される「国語」を「誤謬」とみなして矯正の対象とする以外の観点は生まれてこない。そうした磁力から自由だった点で「誤謬」とみなすことなく植民地で話される「国語」の観察ができたとはいえるだろう。

3　植民地にとっての「国語」

ファッションとしての「国語」

植民地支配を受けた側にとって「国語」とは何だったのだろうか。

朝鮮で発行されていた朝鮮語新聞である『朝鮮日報』に「漫文漫画」（絵入りの世相評のようなもの）を掲載し、当時の「京城」の世相を描写していた安夕影《アン・ソギヨン》（一九〇一〜五〇）は、一九三〇年七月一六日付「1930年夏」で、デート中の朝鮮人男女がひとつのアイスコーヒーをふたりで仲良く飲んでいる情景を描いている。

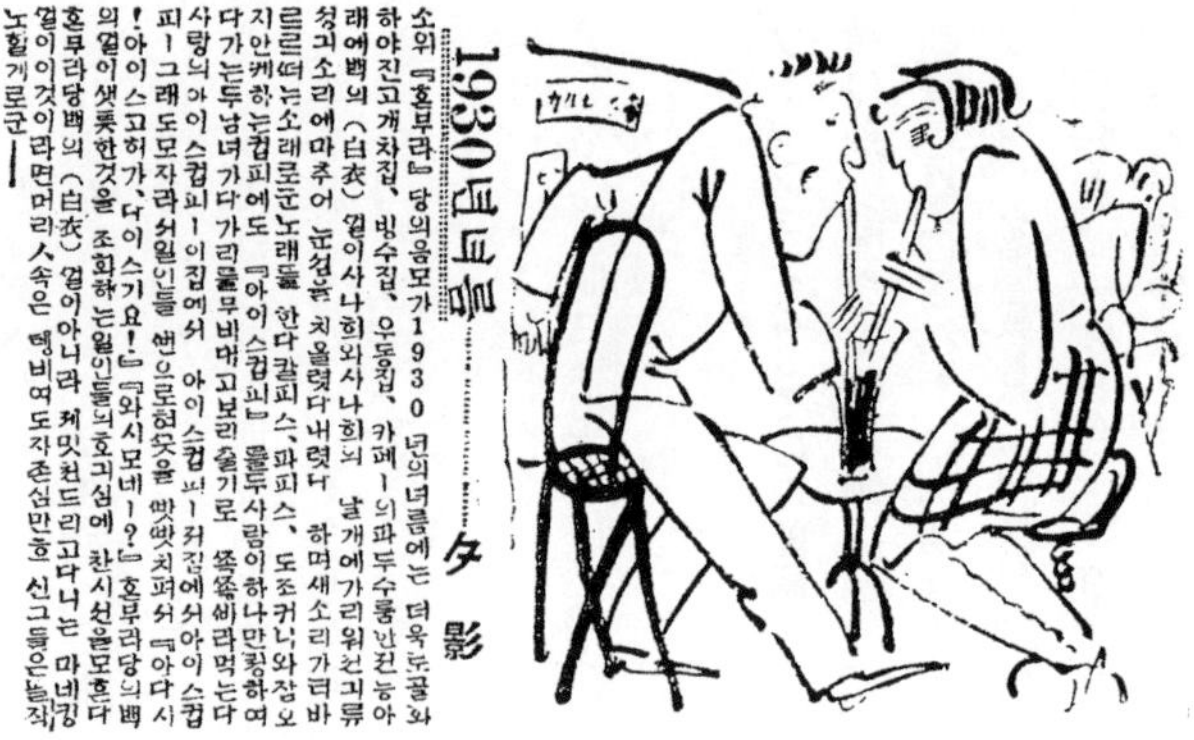

1930년녀름……夕影

소위『혼부라』당의음모가1930년의녀름에는 더욱露骨화하야진고개차집、빙수집、우동집、카페ㅣ의파두수룸반관능아래에백의(白衣)껄이사나희와사나희의 날개에가리워천괴류청괴소리에마추어 눈섭을 치올렷다내렷다 하며새소리가티바르르떠는소래로군노래를 한다칼피스、파피스、도조커니와잠오지안케하는컵피에도『아이스컵피』를두사람이하나만칭하여다가는두남녀가다가리를무비며고보리줄기로 쪽쪽빠라먹는다사랑의아이스컵피ㅣ이집에서 아이스컵피ㅣ저집에서아이스컵피ㅣ그래도모자라서월인들 변으로허웃을 빳빳치펴서『아다시！아이스고히가、다이스기요！』『와시모네ㅣ？』혼부라당의백의껄이샛롯한것을 조화하는월인들의호괴심에 찬시선을모흔다혼부라당백의(白衣)껄이아니라 케밋천드리고다니는 마네킹껄이이것이라면머리人속은 텡비여도자존심만흔 신그들은늘작노힐게로군ㅡ

安夕影「1930年夏」『朝鮮日報』1930年7月16日付より

ちなみに、一九一〇年の韓国併合直後に国号「大韓帝国」は廃され、単なる地域名称としての「朝鮮」に改称された（勅令三一八号、一九一〇年八月二九日「韓国ノ国号ハ之ヲ改メ爾後《じご》朝鮮ト称ス」）。そして大韓帝国の首都であった「漢城」は一地方都市の「京城」へと名称変更（朝鮮総督府令二号、一九一〇年一〇月一日）された。こうした経緯があることを示すために「京城」とカッコをつけて表記すべきであるが以下外すことにする。

さて、安夕影「1930年夏」で描かれる男女の会話は「アダシ！　アイスコヒガ、ダイスキヨ！」「ワシモネー？」と、日本語のハングル表記がみられる。当時、京城は朝鮮人が多く住む地域と日本人が多く住む地域は分かれており、日本人集住地域に近い「本町《ほんまち》」（現在のソウルの忠武路あたり）をウィンドウショッピングをしながらブラブラすることを、

「銀ブラ」(これは東京の銀座をブラブラすること。念のため)になぞらえて「本ブラ」といっていたという。このカップルも「本ブラ」の最中のようだ。先端ファッションとして「国語」を使っている光景がここに浮かび上がる（当時の京城の様子について百貨店を軸に描いたものに林廣茂『幻の三中井百貨店』二〇〇四、都市論として橋谷弘『帝国日本と植民地都市』二〇〇四がある）。

申明直《シン・ミョンジク》は著書『幻想と絶望』のなかで、安夕影の漫文漫画の作品を軸に一九三〇年代京城の大衆文化を描いている。そこからは同時代の日本の都市大衆文化とほぼ同様な京城の都市文化が登場してきたことがわかる。この著書の原題が『モダンボーイ、京城をぶらつく』（二〇〇三）であるように、日本の都市の大衆文化の担い手である「モボ、モガ」（モダンボーイ、モダンガール）がそのまま京城にもあらわれた、というのである。

申は、「本ブラ」のカップルの日本語での会話を、植民地統治の内面化と規律の徹底化の証左としてとりあげているが、そうした過酷な統治の象徴といった政治的な側面のほかにも、「銀ブラ」をまねて「本ブラ」が登場したような、単なる流行・ファッションとしての「国語」使用の側面も生じていたことに注意を向ける必要がある。

大衆的欲望をかきたてる「国語」

一九三〇年代後半から日本語による小説を発表し、日本語で話す朝鮮人を積極的に登場させてきた一九一五年生まれの作家金聖珉をとりあげた比較文学研究者南富鎮《ナム・ブジン》は、日本人との恋愛・結婚などと絡めて金の作品を以下のように論じる。

> 日本語で話す朝鮮人の主人公たちの設定は、国策と思想性以前に洒落《しゃれ》た風俗的な要素として存在しており、〔……〕そしてなによりも、こうした無自覚な大衆性によって投げ出された欲望こそ、もっとも普遍的な植民地的現実であったように思われる。つまり、植民地主義は宗主国の重々しい政策によって創り出されるものではなく、むしろ被植民地側のこうしたさまざまな大衆的欲望によって創りあげられたといえる。
>
> (『文学の植民地主義』二〇〇六)

もちろん、日本に憧《あこが》れていた層もあっただろう。しかしながら、「国語」への回路――すなわち、「国語」という暴力の受容を自発的な欲求として転換していくこと――をもちこんだのは植民地支配であることを忘れてはならない。それは時枝誠記の「国語」の「母語化」の論理を参照すれば十分だろう。

それでもまだ、初等教育の義務化の実現は遠く（台湾では一九四三年度から実施、朝鮮では四六年度から実施予定）、女子就学率は常に男子就学率よりも低かったように、「国語」から排除されつづけた層も存在していた（金富子『植民地期朝鮮の教育とジェンダー』二〇〇五）。

植民地権力側が「国語」という「配電システム」を植民地に整備したことは否定できない。それを植民地側の人々がどうとらえていたのかについては、さまざまに論じられねばならない。

モダニティとしての「国語」

こうした点に関して台湾知識人と「国語《こくご》」との関係について次のように論じられているのは示唆的である。つまり、かれらが「憧れ求めたモダニティとは、最終的には西欧近代文明のことであり、日本文化そのものではな」く「西欧近代にアプローチするために最も手っ取り早い手段は、植民地教育の中で習得を半ば強制された近代日本語の閲読能力」であったという。

この議論は一見、「国語」が近代化に貢献したと論じているようにみえるがそうではない。つまり、「植民地に選択的に導入されるモダニティは、植民地住民を効率的に支配する規律権力の装置としても利用されていたのであり、そのモダニティへのアクセスには明白な植民地的不平等があった」というのである（若林正丈「台湾ナショナリズムと「忘れ得ぬ他者」」二〇〇四）。

あるいは、こういった議論もある。日本人は台湾人に日本「民族」へ「同化」することを強制したものの、台湾人は、日本を通じてもたらされる「文明」へ「同化」しようとした、として両者の「同床異夢」の関係を描いている（陳培豊『「同化」の同床異夢』二〇〇一）。「国語」は台湾人にとって「文明」へのアプローチの手段であったのだ、というのである。

この説明は、植民地支配側が意図した「国語」を逆手にとって、「国語」によって別のものを獲得していくという意味であり、説得的ではある。

ただ、植民地知識人にとって「国語」は単なる利用の対象でしかなかったとも断定できない。なぜなら、「国語」が権力であり「配電システム」であるとすれば、そうしたバイアスがかからずに「国語」を通じて西欧近代にアプローチできたかという問いも残るからである。

身体に刻印された「国語」

このあたり、やや議論がぶれてしまうのは、一九四五年当時一七歳の「皇国少年」であった在日の詩人金時鐘《キム・シジョン》の以下のような発言が頭から離れないからである。

日本語は意識の機能として私に居坐った最初の言葉です。戦時中の植民地統治下で身につけた日本語が、日本人でない私の意識の関門となって物事を選別します。今もってそれは変わりません。思考の選択や価値判断が朝鮮語からくるのではなくて、日本語から分光されるのです。〔……〕私の不幸は、植民地統治下で育ったから不幸なのではなくて、その中で育っていながらそれなりの、少年なりの彩りがひっそりと抱えられているからこそ、私の少年期が悲しいのです。

（『わが生と詩』二〇〇四）

金時鐘が、「日本語は意識の機能として私に居坐った最初の言葉」と述べるとき、本章のはじめで論じた、「口語」によって「同化」すべしという大槻文彦の主張は、一見達成されたかのようではある。

しかしながら、金が「あくせく身につけたせちがらい日本語の我執をどうすれば削《そ》ぎ落とせるか。訥々《とつとつ》しい日本語にあくまでも徹し、練達な日本語に狎《な》れ合わない自分であること。それが私の抱える私の日本語への、報復です」と述べるとき、「同化」という薄っぺらい概念ではとても論じられないことがわかる。それは、「少年なりの彩りがひっそりと抱えられている」という感慨とあいまち、きわめて重くのしかかる。

金時鐘が訴えるのは、「国語」のもつ暴力、そして暴力とは欲望が転換したものであるということである。しかし、それを一方的に指弾して終わりとすることのできないもどかしさをも感じる。

濃淡はあれ、「国語」が植民地化された社会にそして個人に刻印され、その刻印は消えることはない。金時鐘より上の世代では、台湾そして朝鮮という植民地社会で「国語」によって作品を書いた作家たちが多数いた。作家だけに、使用言語の問題について、それぞれの感覚のなかで執筆していた。こうした作品群を「日本語文学」として研究する動きが近年盛んになっている（たとえば藤井省三編『「帝国」日本の学知　第五巻』二〇〇六など）。

以上のようなさまざまな「国語」のとらえ方をみていくにつけ、「国語」の「母語化」しか主張できなかった国語学の硬直性や時局への親和性を痛感するのである。

第3章　帝国日本と「日本語」・日本語学

1 「国語」と「日本語」のあいだ

「国語」がない

一九九七年、関西地方のある公立小学校で授業科目の「国語」を「日本語」に変更したことがあった。変更についての教育委員会への報告がなく、そもそも変更は認められていないこともあり、ある新聞の取材によってもとの「国語」にもどされた。ことの次第を批判的に報じた新聞記事によれば、在籍する外国人児童の増加に配慮しての「日本語」への変更だったという(「「国語」がない」『産経新聞』一九九七年一二月二〇日付朝刊)。

教員、教育委員会、新聞報道それぞれについて賛否があると思うが、まず確認したいのは、外国人児童への配慮ができる教員であっても、その認識の根底に、「国語」は日本人のため、「日本語」は外国人のため、という区分が根づいている点である。

かつて非常勤講師をしていた大学でこの新聞記事を読ませて感想を書かせたことがあった。その感想に新聞の論調を肯定的にとらえるものが多かったことに驚いた。学生たちの認識では「国語」とは解釈・鑑賞そして文化の世界であり、「日本語」は語学だということらしい

（そういった教育を「国語」科で受けてきたのだから仕方あるまい）。

ただ、さらに進んで、「国語」が嫌なら帰れ、とか、「郷に入りては郷に従え」といった有無をいわせない感想には、他者を排除する「国語」の志向が健在であることを痛感した。

このように、言語体系としては同じなのに、話者の国籍（というよりも、「民族性」）で呼称が異なってくるというのは、考えてみれば奇妙なことである。

これとはまた違った傾向が、大学の学科名にみられる。一九八〇年代以降、国語国文学科がなだれをうつように日本語日本文学科へと名称変更を行なっている。「国語国文」離れである。逆にいえば「国語」には国家・国民・国籍といった限定性が色濃くあることを認めているようなものである。

ただ、なぜ変更するかといえば、「日本語日本文学」は外国人のもの、といった含意よりも、「国語国文学」よりは中立的な印象を与えるからというだけだろう。そこでなされている学問内容に変化があったわけではないのだから。

「国語」とは何ぞや――山田孝雄

こうした点について、日本国籍だからといって必ずしも「国語」の話者ではない、ということが明白であった時期（本当はいまでもそうなのだが、かつてほどそのことが明確に認識されてはいない）に書かれた文章（一九四一）を引用する。

国語と我々の称《とな》へてゐるものは即ち日本語のことであるといひ得る。而《しか》して、日本語とは何ぞやといへば日本人の用ゐる語だといふことは分り切つた話である。その日本人とは何ぞやといへば、国法上からいふと日本臣民としての国籍を有する人がすべて日本人だといふことも分り切つた話である。然《しか》らば、その日本国籍を有する人々の用ゐる語がとりもなほさず国語であるかといふに、それはさうだといはねばならぬが、実際を顧みると、さう云ひ切つてしまふことの出来ない事実がある。それは日本国民として国籍を有する人間の用ゐてゐる言語はさまざまであるからである。

こう指摘したうえで、アイヌ語、台湾語、朝鮮語などの話者が「日本臣民」であることに注意をうながしている。この文章を書いたのは、国語学者山田孝雄である（「国語とは何ぞや」）。国民の使用する言語が必ずしも「国語」ではない、という認識の山田は、「国語」の定義を以下のように下す。

今、我々が国語と認めるものは日本帝国の中堅たる大和民族が思想の発表及び理解の要具として古来使用し来《きた》り、又現に使用しつゝあり、将来も之によつて進むべき言語をいふのである。この国語は大和民族の間に発達して大日本帝国の国民の通用語となつてゐるものであつて、之を簡単にいへば、大日本帝国の標準語である。

「国語」には言語としての「通有性」と同時に「国家の標準語であるといふ厳粛な限定性、国民の古今にわたる通用語であるといふ歴史的社会的の限定性がある」というのである。単なる言語体系ではない、ということだ。

「大和民族」以外を排除

さらに山田にとっては、

国語は国家の精神の宿つてゐる所であり、又国民の精神的文化的の共同的遺産の宝庫であると共に、過去の伝統を現在と将来とに伝へる唯一の機関である。

というものであった。したがって「国語の伝統性を傷つけることはやがては国家に危害を加へる」ことになるのだ、と主張することになる。

山田の「国語」観が現在主流の「国語」観と相似していることはまた指摘するが、これだと、「大和民族」以外は「国語」から排除されることになる。山田のこの論文の原型は、一九三五年の『国語学史要』にある。そこでは、「日本帝国の標準語たる国語で、口語、文語を通じ、古語、今語を通じ、中央語、地方語を通じ、一切の事実を包括すべきもの」といった表現がみられ、「大和民族」以外の排除がここにもあらわれている。

この『国語学史要』は国語学史についての本であるが、山田のいう国語学とは、「国語」の定義からもあきらかなように、「日本国民たるわれわれがわが国語として日本語を研究した時にはじめて国語学といふ」ことになる。

そのことは、B・H・チェンバレンの業績の評価の仕方に顕著にみてとれる。チェンバレンの『日本小文典』や『英訳古事記』について、山田は「別に反響を起すことも無くて立消の姿となつた。これはそれが国語の本質に触れないものであるから、当然のことである」と冷淡である。『日本小文典』が西洋語文法の範疇《はんちゅう》を日本語にあてはめて論じているから、ということなのだが、外国人によって日本語文法が書かれたことへの反発は、当時からあったようである（楠家重敏『ネズミはまだ生きている』一九八六）。

ただ、帝国大学に招聘されそこで言語学（博言学）の講義を行なったチェンバレンが学生たちに与えた清新な印象は強烈で、上田万年が「科学的国語学」を目指すきっかけになったとはいえるので、山田のこうした排除の志向は公正なものとはいいにくい。

ともあれ、日本国民以外の研究は「日本語学」なのだ、という山田の主張からすると、「国語」としてではない言語は「日本語」と称されていることがわかる。

時枝誠記の「国語」

これに対し、時枝誠記は一九四〇年の『国語学史』のなかで、「国語」を「狭義の国語」と「広義の国語」に分ける。

「広義の国語」の定義を「日本語的性格を持った言語」とし、「狭義の国語」には「国家的価値のある言語」という限定（それゆえに抑圧的なもの）をつけていく。

時枝のいう国語学とは、この両者の「国語」を対象にするが、とりわけ「広義の国語」を対象とするのであるから、当然のように「国語学の対象は、口語文語はもとより、各地の方言、特殊社会の通語、海外にて使用せられる日本語、更に外国人によつて使用せられる日本語等にまで及ぶ」となる。

研究者の国籍も民族性も関係なく、「日本語的性格を持った言語」を研究すれば国語学となるのである。そして国語学と称するのも便宜的なものであって、日本語学、日本語と称しても構わない、また外国人の研究も学派の違い程度のことである、としている。そのうえで

「国語学にいふ所の国語は、日本語と同義語として考へるべきで、これを日本語或は日本語学といはずに国語或は国語学と称するのは、日本国に生まれ日本語を話す処《ところ》の我々の側からのみ便宜その様に呼ぶに過ぎない」とする。

山田と時枝とを比べると、時枝のほうが柔軟にみえる。時枝と京城帝国大学で同僚であった言語学者小林英夫も、時枝の「国語」の定義に同意している（「国語か日本語か」一九四三）。しかし、「便宜的」とはいいながら、最後の引用が示すように、「我々」からすれば「国語」なのだという認識である。あえて「日本語」を積極的に使用しないという点がミソなのだ。

少なくとも確認しておかねばならないのは、「国語」とは日本語のことだ、と単純な定義ではすまされない状況になっていたということである。それは、近代日本が植民地を領有し、さらに一九三〇年代にかけて中国大陸へと侵略の歩みを進めていくなかで生じてきた日本語の普及といった問題とも関連している。また、こうした定義は常にその時々の政治的状況の影響下にあるということも確認しておきたい。

「国語」と「日本語」の関係

本章では、「国語」としてではなく「日本語」として教育・普及がはかられた地域・時期での、「日本語」のあり方や「日本語学」という学問分野の登場について論じる。ここで強調したいのは、「日本語」という概念が広まることによって「国語」という概念がより強化された点である。

たとえば、一九四〇年に設置された文部省図書局国語課の課長となった大岡保三《おおおかやすぞう》は、次のようにいう。

> 国語対日本語の関係は、最近の日本語大陸進出を機として、もつと明瞭に考へ直されることになつた。この事実によつて日本語は一層客観的・科学的な検討を受けて、一外国語としての取り扱ひをされるやうになり、国語は単なる語学としてよりも、その奥に横たはる国民精神ともいふべきものに余計関心が払はれるやうになつたのである。
>
> （「外地の国語教育」一九四二）

「日本語の大陸進出」によって、「国語」に横たわる「国民精神」に「余計」に関心が示されるようになったというのである。これは「国語」と「日本語」の差異をめぐる一般的な見解といってよい。急いで付け加えれば、いま現在「中立な」ものとしてとらえられがちな「日本語」あるいは「日本語学」にも、そこに刻まれた歴史があるのだ。

2 「日本語」の誕生

帝国と「日本語」

「国語」という概念が多様なものを統合していくなかで登場したのだとすれば、「日本語」という概念は多様なものと向きあうなかで登場してきた。

ここまでみてきたように「国語」の成立は一九〇〇年をはさむ時期、国民国家としての日本の完成の時期である。対して、「日本語」の誕生は、やや遅れて一九三〇年代前半、「満洲国」を成立させて「国語」以外の手法で異言語支配を行なうようになった、帝国としての日本が実態化する時期である。学問としての「日本語学」の盛んな提唱もほぼこの時期である。

では「帝国」とは何か。さまざまな定義が考えられる。たとえば近年の代表的研究書のなかのこれはどうだろうか。

帝国は多民族的な政治共同体であり、その内部は（多くの場合）エスノ・ナショナルな相違をもとに複数の領域（法域・行政域）に分割され、それらの間に階層的な秩序が形成されている。複合的で階層的な帝国は、均質的で非階層的な主権国家である国民国家とは別の原理に基づいた国家システムである。

（山本有造「「帝国」とは何か」二〇〇三）

日本の場合も、植民地や占領地、「独立国」、軍政、民政、委任統治など、さまざまな法域・行政域の結合体として帝国を形成していた時期があった。帝国を結合するものとしての言語が構想された場合、「国語」とは別の原理にもとづいたシステムが必要になってくる。それが「日本語」であった。

「国語」の成立には、上田万年が一八九五年に主張したように、学術・商業面での「東洋全体の普通語」にしようという志向があったことと切り離せない（「国語研究に就て」）。日本国内に向けて、かつ植民地経営上の必要から「国語」が形成され、それと同時に東アジアの共通語たらしめようという「東亜共通語」の役割も求められていった。

この概念は、国内での「国語改良」をうながす意味で上田万年などが用いていたものであった。そして国内で簡易化すれば、それはそのまま中国大陸での普及も可能だという論理であった。その後、とりわけ中国人を日本に感化するための「共通語」という認識へと上田は変化していく。

上田のいう「東洋全体の普通語」は、一九四〇年代の「大東亜共栄圏の共通語」、つまり「東亜共通語」という位置づけを先取りしたものである。ただし注意しておきたいのは、以下の点である。

まず、「国語」は植民地への普及や「内地」での基準の確立という実践的要求から形成され、実際にその機能を果たしていたこと。

その一方で、「東洋全体の普通語」としての実体的な普及の要請はなく、その契機が到来するのは一九三〇年代になってからという点である。その一九三〇年代になって全面的に登場してくるのが、「東亜共通語」的志向を強くもった、「日本語」という概念である。

もちろん、用例としては、植民地化によって「国語」へと置換される以前の朝鮮や、満鉄附属地などでは「日本語教育」が日本語非母語話者に対してなされていた。しかし規模や「内地」の「国語」との連関からすれば、一九三二年の「満洲国」建国や華北への侵略に伴い、「日本語教育」が実践的に要請されるようになったのである。この過程で、知識人層や日本語教師のなかで「共通語」概念が一般化する(「満洲国」は国際連盟の承認を得られなかった日本の傀儡《かいらい》国家であった。その意味でカッコをつけて表記すべきであるが、以下ではカッコを外す)。

「大東亜共栄圏」構想と「日本語」

満洲国建国のきっかけとなる一九三一年九月一八日の柳条湖《りゅうじょうこ》事件からはじまり、一九三七年七月七日の盧溝橋《ろこうきょう》事件で一気に拡大した中国大陸での戦線のなかで、中国共産党と国民党の国共合作による頑強な抵抗にあい、三七年末に国民政府の首都南京《ナンキン》を占領（ここで虐殺が起きる）するが、抵抗は止まず、近衛《このえ》文麿《ふみまろ》首相は一九三八年一月に「国民政府を対手《あいて》とせず」という声明を出す。しかし、戦況はさらに泥沼化していく。そこで近衛は同年一一月に「東亜新秩序建設」を表明し、日本・満洲国・中華民国の互助連環関係の樹立を訴えた。

これだけみても、「東亜新秩序」なるものが日本側からの一方的な構想でしかないことは明白である。一九三九年九月に第二次世界大戦がはじまると、イギリス・アメリカ・フランス・オランダが植民地としていた東南アジアを勢力下に置こうとし、その地域をもふくめた「大東亜」という用語が登場しだす。一九四〇年七月二六日に第二次近衛内閣は「基本国策要綱」を決定し、同年八月一日にこの要綱を発表する際に松岡洋右《まつおかようすけ》外務大臣が「大東亜共栄圏」という用語を用いた。

一九四一年一二月八日、日本軍は真珠湾攻撃開始前に東南アジアのマレーシアで軍事行動を開始した。それから短期間のうちに広大な地域を軍事占領下に置き、翌年二月二八日の大本営政府連絡会議において「大東亜ノ地域」を「日満支及東経九十度ヨリ東経百八十度迄ノ間ニ於ケル南緯十度以北ノ南方諸地域」に決定している。

開戦直後の第七九帝国議会で東条英機《とうじょうひでき》首相は議会演説を行なう。そのなかで東条は「大東亜ノ各国、各民族ヲシテ各其ノ所ヲ得シメ、帝国ヲ核心トスル道義ニ基ク共存共栄ノ秩序ヲ確立」することを言明した。この「各国、各民族ヲシテ各其ノ所ヲ得」るとは「各々が自分にふさわしい位置を占める」との意味であり、欧米諸帝国の植民地支配とは異なる原理を主張したものである。

しかしながら、この演説では「得シメ」と使役の形をとり「帝国ヲ核心トスル」とあるように結局は日本にとってふさわしい位置につかせることであって、かれらに決定権があったわけではない。したがって、同じ演説のなかで東条はフィリピンとビルマ、蘭印《らんいん》に対しては将来の独立への言質《げんち》を与える一方で、香港・英領マレーの確保と防衛拠点化を宣言し得たのである。

欧米諸帝国が植民地としていた域内諸民族諸国家に「各其ノ所ヲ得シメ」て「共存共栄」する「大東亜共栄圏」構想という、日本を中心とした新秩序体制を構築したのである。こうしたなかで「大東亜共栄圏の共通語」つまり「東亜共通語」として「日本語」が位置づけられていくことになる。

南方軍政の構造

一気に東南アジア諸地域を軍事占領したのだが、その統治構造を簡略に述べれば以下の通りである。

まず、「南方占領地行政実施要領」（一九四一年一一月二〇日、大本営政府連絡会議）により「占領地域ニ対シテハ差当リ軍政ヲ実施シ治安ノ恢復《かいふく》、重要国防資源ノ急速獲得及作戦軍ノ自活確保ニ資ス」ことが定められる。さらに、残存統治機構の利用、民族的慣行の尊重をうたうが「現地土民ニ対シテハ皇軍ニ対スル信倚《しんい》ノ観念ヲ助長セシムル如ク指導シ其ノ独立運動ハ過早ニ誘発セシムルコトヲ避クルモノトス」との規定がなされる。

また「占領地軍政実施ニ関スル陸海軍中央協定」（一九四一年一一月二六日）では陸軍（南方総軍）主担任区域（海軍は副担任）を、「香港、比島、英領馬来、スマトラ、ジャワ、英領ボルネオ」とし、一九四二年七月、南方軍総司令部に軍政総監部を設置した。

当初は第一四軍（フィリピン）、第一五軍（ビルマ）、第一六軍（ジャワ）、第二五軍（マレー、スマトラ）各々に軍政監部を、そしてボルネオ守備軍（北ボルネオ）を置いた。

一方、海軍主担任区域（陸軍は副担任）は、「蘭領ボルネオ、セレベス、モルッカ群島、小スンダ群島、ニューギニア、ビスマルク諸島、瓦無島《グアム》」であり、長官に文官を任命する点が異なる「民政」を実施した。

一九四二年三月には、セレベス、セラム、ニューギニア、ニューブリテン、グアムに民政部、総括としてマカッサルに南西方面海軍民政部、マクノワリにニューギニア民政府を置き、南西方面海軍艦隊司令官などの指揮下に置いた(岩武照彦『南方軍政論集』一九八九)。

「日本語」の「普遍性」

くりかえすが、「国語」とは国民国家内の通用の「正当性・正統性」が国家により保証されたことばである。しかし、それが国民国家のボーダーを越えて広まろうとすると、ここまでみてきたような「国語」の論理では限界が生じてくる。

この、ボーダーを越えて「共通語」になるエネルギーは国民国家の論理とは別の論理から獲得しなくてはならない。「共通語」になる条件は、その言語の固有性が強調されないことにあるのだ。これは現在、「標準語」(NHKは「共通語」と称して規範性・強制性を薄めようとしているが、まやかしである)と方言とのあいだにある差異にもあらわれている。固有性が強調されるのは、むしろ方言である。

「共通語」としての普及力の源泉を「普遍性」に求めることは往々にしてなされる。現在、英語を「国際共通語」として祭り上げているのも同様の理由である。国民国家の個別性を超えた、他の共同体にも受容可能な「普遍性」をどれだけ盛り込めるかが問題になってくるのである。

この、「普遍性」を獲得して拡大化をはかることを「国語」の帝国化と称することにする。帝国化とは、近代化を経た「国語」がいたる次段階である。これを本書ではカッコつきの「日本語」とする。断っておきたいが、この「普遍性」の解釈は与える側の恣意《しい》的なものであった。いわく、「日本語」には普遍的な「日本精神」が宿る、あるいは「文明」を体現するものとしての「日本語」などといったものである。

ひとりよがりなものであったが、こうした理念を付与することで国民国家のボーダーを越えようとしたことは間違いない。

「国語」は国家制度を支えるための同時代的普及がなされるものとしてつくりあげられ、かつ国家を歴史的にさかのぼらせるよりどころとなるものであった。こうした点に比べると、「日本語」は歴史的にさかのぼらせる必要のないものであった。というのも、いま現在の影響圏内で効率のよい普及がまずもって求められたからである。

したがって、「大東亜共栄圏」内での通用が容易なように簡易化すべきであるという議論がなされていた。ところが、いくら「普遍性」を唱えても、結局は「国語」の帝国化は当然ながら「国語」的論理をふくんでいるので、「普遍性」の下にほのみえる「特殊性」に、それを押しつけられる側は敏感にならざるを得なかった。

「日本語」の志向――異言語の包摂

この「特殊性」を説明するのは難しいのだが、「日本語」には「日本精神」が内在するという認識のことである。つまり、「日本精神」というものが特殊なものなのではなく、それ自体が「普遍性」をもったものだ、という主張である。そうした考え方こそが「特殊」なのであるが、この点に気づくものは多くはなかった。

たとえば、日本軍が軍政を布いた東南アジア地域におけるジャワ軍政監部による「日本語学習指導要綱」(一九四二年一一月八日、治参一乙第二〇九号)のなかには「学習者ノ能力及心理ニ即応シツ、漸次日本文化日本精神ノ神髄ヲ会得セシムベキ」という表現がある(瓜哇《ジャワ》軍政監部総務室調査室発行『極秘　瓜哇に於ける文教の概要』一九四四)。このようにして「日本精神」を会得させるための、儀礼としての「日本語」教育がなされていった。

その一方で、一九四〇年代にかけて東南アジアの民族運動が活性化する。そうしたこともあり、「日本語」は異言語を積極的に排除せず、スローガンとして「現地語」の「尊重」がうたわれた。

たとえば、政府の大東亜建設審議会第二部会(文教部会)答申(一九四二年五月二一日総合決定「大東亜建設ニ処スル文教政策答申」)のなかで「現地ニ於ケル固有語ハ可成之《なるべく》ヲ尊重スルト共ニ大東亜共栄圏ノ共通語トシテノ日本語ノ普及ヲ図ルベク具体的方策ヲ策定シ尚《なお》欧米語ハ可及的速ニ之ヲ廃止シ得ル如ク措置ス」とされている。

また海軍省調査課作成の文書「大東亜共栄圏論」（一九四二年九月一日）でも「言語政策は民族意識の統一の上からも極めて重要な政策」とされ「何よりも先づ各民族の国語を復活又は創始せしめ」としつつも「文化政策」の根本方針として「出来得る限り諸民族の特性を尊重しつつ自彊《じきょう》錬成せしめ漸次日本民族精神文化の優秀性を体得せしむ」ることをかかげていた。

一九四二年三月の『帝国大学新聞』に寄稿した言語学者たちも、たとえば音声学者神保格は「言語的強制圧迫も断じて非である。かゝる非道に陥らず、彼等が真の真心から日本を羨《うらや》む時に日本語の普及浸透が良く行はれるのである」と「言語的強制圧迫は不可」であるとする。

また国語学者吉田澄夫は「民族語、種族語の尊重はもとより必要である。のみならずわが国としては進んでこれ等の民族語、種族語を研究し、必要に応じてこれを活用する方策を立てるべきである」という一見もっともな主張を述べてもいた。

ここからは異民族・異言語を「寛容」に包摂する志向がうかがえる。しかしながら、同じく吉田がいうように「日本語自身を通じて日本の文化、日本の精神を伝へることである。

〔……〕日本民族の魂は日本語の中に宿つてゐる。この魂を如実に伝へるものは真心から発する以心伝心の外に、日本語自身を以てするのがもつとも切実なる手段である」と最終的には「日本精神」を担う「日本語」が普及されることを確信していたのである。

3 「日本語」の普及

満洲国の場合

一九三二年に成立した満洲国は、建前上は独立国家だが実際は日本の傀儡国家であった。そのため言語政策は植民地のものとは異なる性質を帯びていた。

植民地で「国語」学習を正当化する理由のなかに、「国語」は「近代」を担うものであり、かつ国民の言語であるというものがある。しかし、満洲国では「国語」の論理をはじめから適用することは、第一次世界大戦後の民族自決という時代の情勢からみてもできなかった。

そこで、「国語」の論理に完全に包括しきれない地域であるという限界をふまえながらも、新たに「日本語」強制の論拠が模索されていた。そして、一九三七年の日中戦争勃発以降、「日本語」を制度的により高い地位につけようという主張が積極的になされていた。だが、そうしたなかでも、「日本語」以外にも一定の配慮を行なう言語政策がとられていく。

満洲国は一九三〇年代後半を境界として日本化が進むが、言語政策も一九三七年（満洲国における日本の治外法権撤廃）前後でふたつの時期に分けられる。

前期では日本語の普及が積極的にははかられなかった。中華民国の時代に中国語による制度が確立していたため、その制度を突然「日本語」だけで運用するには困難が伴っていたからでもある。それには日本人教員数の絶対的不足などの要因があった。この点で、ある程度は固有語の地位も認められていたといえる。

静岡県教育会編纂『満洲国地理』（三省堂、1933年）　日本国内向けの満洲国紹介の教科書があった

後期は、積極的に「日本語」の普及をはかった時期である。日中戦争勃発以降、固有語の地位も徐々に低下していった。日本が大陸侵略を本格化していくなかで満洲国は日本化され、これと歩調をあわせ「日本語」普及も積極性を帯びる。日本側は建国スローガンのひとつである

「五族協和」（「五族」）とは日本・漢族・満洲族・蒙古族・朝鮮族のこと）を言語政策でも実行する一方で一九三七年前後から制度的に「日本語」の地位を引きあげていった。

具体的には以下のようである。中国語が保持していた制度的地位にどうにかして「日本語」を位置づけようとした。官報に相当する『満洲帝国政府公報』は、上段が日本語、下段がそれを翻訳した中国語によるもの、という二言語印刷が行なわれていた。満洲国の官庁が発行するパンフレット類にはこうした形式のものが多かった。その一方で「満洲語」（これは中国語を日本側から呼びかえた名称。以下同じ）・「蒙古語」・「朝鮮語」などには最小限の地位を与えるにとどめた。

満洲国の諸制度への「日本語」の浸透については、一九三七年を前後して、公文書での「日本語」正文化、官吏登用制度での「日本語」重視の傾向（それに伴う語学検定試験の実施）、言語政策機関の設置、教科目としての「国語」に「満洲語」「蒙古語」とともに「日本語」をふくむ（一九三八年施行の「新学制」）などといった動きが起こる。二重言語状態を制度上認定したことになるが、実際にはたとえば教育体系では教科目での「国語」は二言語の教育がなされたが、うち一言語は必ず「日本語」であった。また語学検定試験も、日本人であれば「満洲語」「蒙古語」を選択できたが、日本人以外は「日本語」の試験しか受けることができなかった。

こうした転換によって満洲国の言語政策実行者たちは制度的に弱小であった「日本語」を優位に位置づけようとした。しかし実際問題として、「日本語」にそれだけの実力がなかったため、制度内でも上層と下層では浸透度がまったく異なっていた。つまり、高級官僚は基本的には日本人ばかりであり、国家中枢は「日本語」だけで運営できたのである。しかし制度から一歩はずれると「日本語」の世界ではなかった。

また、教育や行政などの制度で、日本人には異言語を学習する機会を与える一方で、その他の民族には「日本語」必修体制を整備し、行政・司法・教育・通信などの国家運営の基幹部門で優位な位置を独占させる政策をとった。日本人官僚の配置などの点からみても、国家運営の中枢になるほど「日本語」専用の体制が形成されていく。このことは満洲国の傀儡性を示す一方で、制度的裏づけによってのみ「日本語」を権威づけるほかはない、普及度・認知度の低さを示している。このように「日本語」で運営するしかない中央の世界と、「満洲語」や「蒙古語」が話される地方の世界とが存在していたのである。

この乖離《かいり》をうけ、「日本語」の広範な徹底普及を一時的に放棄して、「満語カナ」という中国語をカタカナで表記する計画を実行した。この案は、満洲国民生部国語調査委員会により研究され、一九四四年に公布された。表記をカタカナにすることで識字率を高め、カタカナに親しませることで「日本語」の学習を容易にしようという隠れた「日本語」普及のシステムであった。これはまた、独自に「言語改革」を行なおうとしていた中華民国との差異を明確にすることでもあった。しかしながら「満語カナ」が実績をあげるまもなく満洲国は崩壊する。

占領下東南アジアの場合

占領下東南アジアでは、軍部の意図や戦略・戦況に左右されつつ、その地域の有力言語一言語で運営するという原則がとられていた。戦略的重要性による地域差はあるが「現地語」によるナショナリズムへの配慮を多少みせていたともいえる。これはイギリス・オランダ・アメリカなど旧宗主国の影響を薄めるための懐柔策でもあった。

しかし、これら諸地域間の交流言語として、また日本との連関を保たせるために、日中戦争勃発以降実体化してきた「東亜共通語」としての地位を「日本語」に与える政策がとられた。たとえば日本軍政下のフィリピンの「比島公用語ノ件」(一九四二年七月二四日)ではタガログ語と日本語をフィリピンの公用語とし、しばらくは英語の使用も妨げないという内容であった。ただし、一九四三年の「独立」後は「日本語」の公用語規定は消える(鈴木静夫「フィリピンの「脱亜入欧」と国語運動」一九八九)。

また、軍政下ジャワの初等教育ではインドネシア語(初等教育のカリキュラムの日本語版で

バリ島で日本語を教える日本兵

は馬来語と表記)、地方語(ジャワ語、スンダ語、マドゥーラ語)、そして日本語の教育が行なわれた。「日本語」は第一学年から教えられ徐々に時間数が増えていくのに対し、地方語は徐々に時間数が減り、第三学年から教えられるインドネシア語が徐々に増えていくというカリキュラムが組まれていた。

中等教育になると日本語とインドネシア語が教授され、教員養成学校などでは日本語のみの授業というところも少なくなかった。実際には初等教育の段階において大規模な日本語の普及がなされたわけではなく、むしろ個人差や地域差の大きかったインドネシア語の普及が、日本軍政のとった教育体系によって進んだと考えてもよいだろう(左藤正範「インドネシアにおける日本軍政期の言語・教育政策」一九八三など)。

軍事占領した東南アジア地域で「日本語」を教育

することは、各地域の軍政部や大東亜建設審議会においても当然のこととして議論されていた。

ここに一九四二年八月閣議決定の「南方諸地域日本語普及ニ関スル件」という文書がある。これは「大東亜共栄圏」の「共通語」、「東亜共通語」としての「日本語」をいかに普及するかについての大まかな指針を示したものである。そのなかで、南方諸地域に派遣する日本語教育要員を陸海軍の要求により文部省で養成することが定められた。

陸海軍の要求とは、陸軍軍政地域、海軍民政地域での日本語教育のための教員派遣の要求のことである。派遣する日本語教員を文部省が選考し、約六週間で養成、計八回各回三〇〇人前後を送り出している。

この閣議決定事項に次いで一九四三年九月二八日に閣議諒解事項「南方諸地域ニ普及スベキ日本語ノ教育ニ関スル件」が出された。「大東亜共栄圏」でどういった「日本語」を教育すべきかなどの指針を定めたものである。その「方針」には、

南方諸地域ニ対スル日本語教育並《ならびに》日本語普及ハ南方諸民族ヲシテ先ヅ日常生活ニ必要ナル日本語ニ習熟セシメ我ガ諸施策ノ遂行ニ遺憾ナカラシメッ、日本語ヲ通ジテ日本文化ノ浸透ヲ期スルト共ニ日本語ヲ大東亜ノ共通語タラシメ圏内諸民族ノ団結強化ニ資ス

ルヲ以テ目標トス

とある。「日本語教授法」についても「日本語ノ教授ニ当リテハ躾《しつけ》ヲ重視シ日本的ナル生活態度ノ育成ニ務ム」とあり、「日本語教授者」は「日本国民ノ代表者タル矜持《きょうじ》ヲ以テ常ニ人格ノ修練ニ努ムルコト」や「其ノ任地ニ於ケル言語、風俗、習慣等ヲ研究シ現地民心ノ把握ニ努ルコト」などがあげられている。

「躾」ということばがでてくるように、国語教育同様日本語教育においても「躾」が重視されていたことに注意したい。単なる語学教育を超えた「躾としての日本語教育」である。

昭南市で『昭南日報』を売る少年　シンガポールは陥落後、昭南市に改名された

それは、宮城遥拝や日の丸への敬意の強制といった「儀礼」と日本語教育とが不可分の位置にあったことを物語っている。

日本の東南アジア軍政は三年数ヵ月しか続かなかった。したがって、日本軍政の行なった強制労働や徴発などによる傷跡に比べれば「日本語」が残したものはきわめて象徴的なものである。つまり日本語話者が爆発的に増えたわけではない。とはいえ、象徴的であるからこそ儀礼的側面が強調されるのであり、ことばは残らなくても記憶には残り続けるのである。

4 「国語」と「日本語」の衝突

「東亜共通語」がもたらした問題

国語教育学者石黒修は一九四〇年の著書でこのようなことを書いている。

〔……〕わが国力の発展に伴ふ最近の国語の海外進出は、満洲に、支那に、アジヤに、そして世界の各地に及んでゐるのに、これの対策が殆ど講じられてゐないのは勿論、わが国字の複雑さはいはずもがな、国語そのものも乱雑を極め、発音や語法にいづれが正しいかさへもわからないものがあることに思ひ至るならば、国語・国字問題の速かな解決こそ、国民に課せられた今日の緊急事といつてよい。（『日本語の問題』）

帝国日本のなかで「日本語」を普及させようとしたら、その不統一が目立ってきたということである。これは、国民国家を形成する際に、統一した「国語」が存在しないことを嘆いた明治期の論調と相似している。

こうした普及という現実的要請に対して、日本および植民地での「国語」と普及用の簡易化されたものとを分けて考えるという対応（ここでは「内外分離」と称する）と、簡易化するにせよしないにせよ、分けて考えることをしない（ここでは「内外一如《いちじょ》」と称する）、という対応があった。

国語協会・国語審議会の簡易化要求

内外分離の対応についてみてみよう。

一九三〇年代以降、カナモジカイ（一九二二年発足。前身は二〇年発足の仮名文字協会。機関誌『カナノヒカリ』）や日本ローマ字会（日本式を主張。一九二一年発足。機関誌『Rômazi Sekai』）など「日本語」の表記・文体・語彙を整理・簡易化する動きが活発になってきた。

国語協会は、文部省の国語調査事業（当時は臨時国語調査会〈一九二一〜三四年〉）を後援・促進し、国語の整理統一を目的として一九三〇年に発足した。臨時国語調査会会長の南弘《みなみひろし》が西園寺公望《さいおんじきんもち》の賛同を得て西園寺の推薦によって当時の首相近衛文麿を会長に迎える（南は副会長）。しかし、機関誌も事務所もなく、すぐに活動停止状態になってしまった。

その国語協会は一九三七年に、国語愛護同盟と言語問題談話会を吸収合併する形で再発足した。国語愛護同盟(機関誌『国語の愛護』全八号、一九三五年四月〜一九三七年五月)は、特定の立場に偏向しない広い視野での国語改良を目指した団体として一九三二年に発足した。国語愛護同盟の内部は法律部・医学部・教育部・経済部に分かれ、それぞれの分野での専門用語の簡易化や表記・文体の簡易化など、具体的な研究を行なっていた(国語協会と合併後に婦人部が創設される)。

言語問題談話会(機関誌『言語問題』)はチェンバレンの講義をきいていたこともある英語学者岡倉由三郎《おかくらよしさぶろう》(一八六八〜一九三六。岡倉天心の弟)が一九三五年に組織したもので、言語問題、とりわけ基礎語彙の研究などを行なっていた。

一九三七年にこれらの団体を吸収合併して再発足した国語協会は、ひきつづき政府の「国語」整理事業に協力することを目的としていた。臨時国語調査会の後をついだ文部省の国語審議会(一九三四年一二月二日官制公布)の会長に任命された南弘は、国語協会の副会長となった。また国語協会の理事一五人のうち七人までが国語審議会のメンバー(総数三七人)であったことから(なお、再発足した際の国語協会の理事・幹事二三人のうち一〇人が国語審議会のメンバー)も、政府の整理事業との関連の深い組織であったことがわかる。

国語協会の会員数は一九四二年度末現在で二七七三名と、かなりの規模であった。カナモ

戦前の言語運動団体の系譜

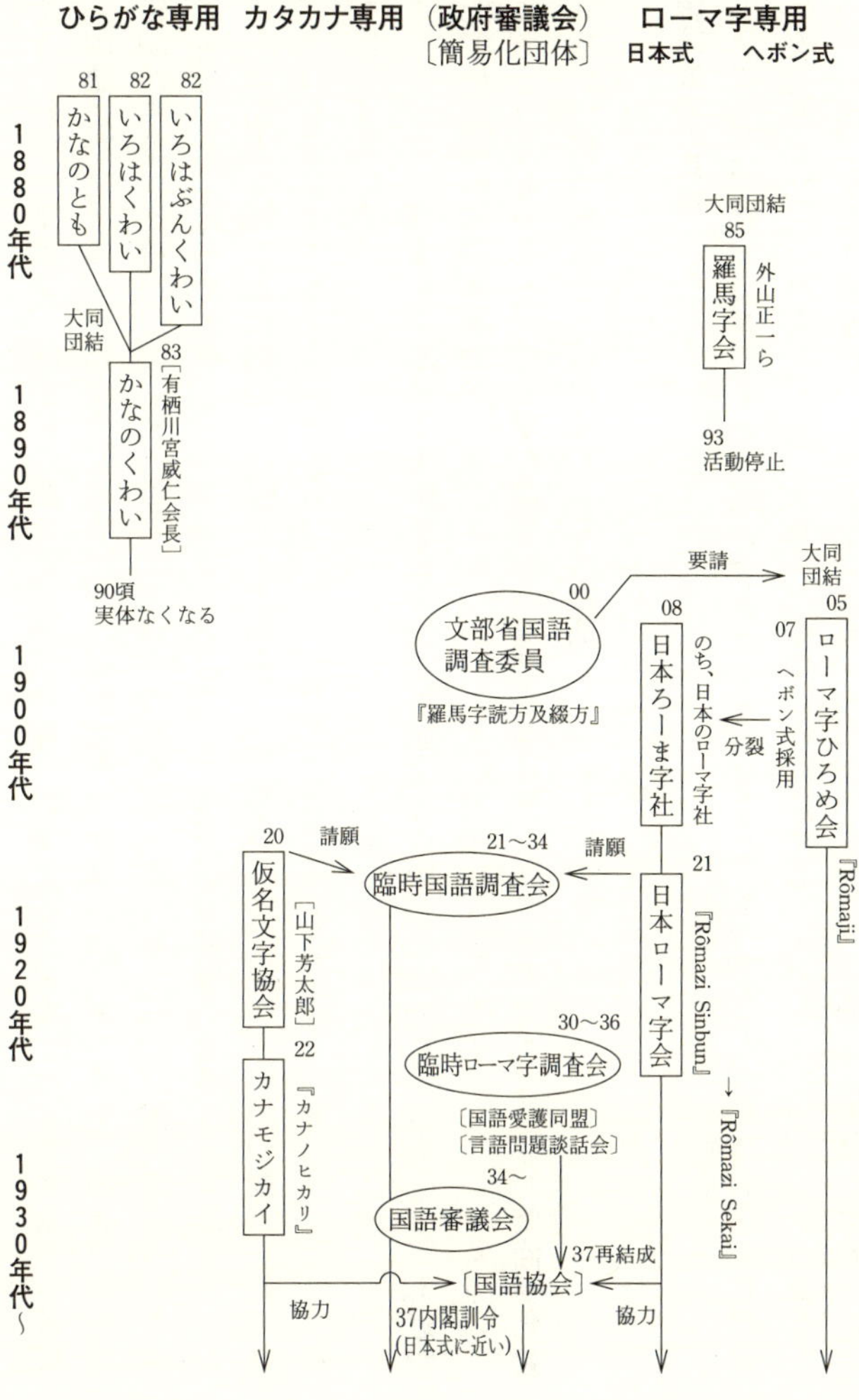

ひらがな専用
カタカナ専用
(政府審議会)
〔簡易化団体〕
ローマ字専用
日本式
ヘボン式
1880年代
1890年代
1900年代
1920年代
1930年代〜
81 かなのとも
82 いろはくわい
82 いろはぶんくわい
大同団結
83 かなのくわい
〔有栖川宮威仁会長〕
90頃 実体なくなる
大同団結
85 羅馬字会
外山正一ら
93 活動停止
00 文部省国語調査委員
『羅馬字読方及綴方』
要請
大同団結
05 ローマ字ひろめ会
07 ヘボン式採用
分裂
08 日本ろーま字社
のち、日本のローマ字社
『Rômaji』
20 仮名文字協会
〔山下芳太郎〕
請願
21〜34 臨時国語調査会
請願
21 日本ローマ字会
『Rômazi Sinbun』
→『Rômazi Sekai』
22 カナモジカイ
『カナノヒカリ』
30〜36 臨時ローマ字調査会
〔国語愛護同盟〕
〔言語問題談話会〕
34〜 国語審議会
37再結成
〔国語協会〕
協力
37内閣訓令
(日本式に近い)
協力

ジ論者、ローマ字論者、漢字制限派など「国語整理」に関する立場もさまざまであり、機関誌『国語運動』には、後述する左翼ローマ字運動事件で検挙される者のうち、高倉テルと黒瀧雷助が頻繁に投稿をしていた。このことが、改良反対・保守派からの攻撃にさらされる原因ともなった。そのためか、カナモジカイと協力して国語国字問題の重要性を認識させるために軍の協力も得て宣伝映画を作製したものの、「内務省と文部省が、右翼の動きをおそれて、これを公開することを許さなかった」(保科孝一『国語問題五十年』一九四九)という事態を招いてもいる。

このように、簡易化を求める国語協会と国語審議会との距離は人的にも方向としても近かった。敗戦後に国語審議会が「現代かなづかい」や「当用漢字表」を答申していく背景はここにあったともいえる。明治期に臨時仮名遣調査委員会を経て制度的には敗北した簡易化論の系統が、国語審議会・国語協会として復活してきたわけである。

国語協会の思惑

国語協会は、日本語学習者のための基礎日本語の語彙選定作業など、具体的な「整理統一」を行なった。それとは別に「大東亜共栄圏」の「通用語」を設定すべきだという意見をもっていた。つまり整理統一していく「国内」(植民地も)と、「簡易化日本語」を普及させる地域という区分をしていたのである。

カナモジカイ、日本ローマ字会も現実的な対応として、「国内」向けとそれ以外という形で議論を分離していた。「日本語」が広まっていない地域に「簡易化日本語」を急速に普及させ、その普及をバネとして「国語」の整理統一にはずみをつけようとする思惑があった。「国語」に対比される「日本語」を強く意識すること（「外国人」に対する教育を意識すること）、暗に「国語」との断絶をはかることによって、簡易化の主張を可能にしたのである。

イツカ センセイ
ガ オハナシ ニ
ナリマシタ、
オヤ ニ
シンパイ ヲ
カケル ノワ
ワルイコトデス。

『南洋群島国語読本』　第１次世界大戦後、日本の国際連盟委任統治領となった南洋諸島で使用された

不分離を主張する政府と軍

次に「内外一如」の対応についてみてみよう。

政府や軍は国内外で分けることを考えていなかった。あくまでも「ひとつ」でいくべきだという対応である。そのなかでも政府は「整理統一」をはかる立場にあった。たとえば、一九四一年二月二五日の「国語国字ノ整理統一ニ関スル閣議申合事項」をみると、国語・国字ノ調査研究並ビニ整理統一ヲ図ルハ、国民精神ノ作興《さっこう》上又国民教育ノ能率増進上、更ニ東亜ノ共通語トシテ醇正《じゅんせい》ナル日本語ノ普及上、現下極メテ喫緊《きっきん》ノ事ナリ、故ニ政府ハ之ヲ重要ナル国策トシテ左ノ申合ヲナス

一、文部省ニ於テ国語国字ノ調査並ビニ整理統一ヲ促進シ、内閣及ビ各省ハ之ニ協力スルコト

一、前項ニ依リ整理統一セラレタル事項ハ閣議ノ決定ヲ経テ内閣及ビ各省速カニ之ヲ実行スルコト

とある。つまり、「国民精神」(国内向け)と「東亜ノ共通語」(国外向け)とが同時に論じられているのである。ただ、ローマ字会やカナモジカイのような、より思い切った簡易化の実践の場としてまではとらえきれていなかった。

また、軍を中心に、「国語」の簡易化は「国体」の侵犯と同じであるという議論がなされていた。これに従えば、「南方」でも「国内」とまったく同様の、簡易化されない「国語」を教育すべきだということになる。簡易化は普及の相手、つまりは「南方」の人々に媚《こ》びることになるという発想である。

詩人萩原朔太郎《はぎわらさくたろう》（一八八六〜一九四二）は「日本語を世界的に普遍させるためには、日本を古代のローマ支那と同じく、世界の覇王的優者に進出させる外にはない」し、「世界的普及を計る目的から、如何にして日本語を平易化すべきかとか、〔……〕いふやうなことを日本人が自ら苦労して考へる必要はない」と述べていた（「日本語の普及と統制に就いて」一九三八）。また一九四二年に簡易化に反対する日本国語会が結成されたが、実際の活動は『国語の尊厳』を翌年に国民評論社から出版した程度であった。

こういった主張は、帝国を念頭に置いている点では変わりがないが、あくまでも「国語」を日本の歴史を保証するものとしてとらえている点に特徴がある。その「伝統」を保持したまま帝国に普及させようとしていたのである。

東南アジア軍政では、たとえばジャワ軍政監部が一九四三年一一月に出した「日本語普及教育要綱ノ件」のように、「日本文化日本精神ノ真髄ニ触レシムル方策」のもとで「普及スベキ日本語ハ日本国内ニ於ケル標準日本語」であり「「ローマ字」ニ依ル日本語ノ表記ハ速カニ之ヲ廃止セシム」という方針であった。

しかし、やはり「字音仮名遣ノミハ表音仮名遣ヲ許容」しないと混乱を招くという妥協をせざるを得なかった（瓜哇軍政監部総務室調査室発行『極秘　瓜哇に於ける文教の概要』）。歴史的かなづかいは長年教育をうけてきた日本人にとってすら難易度の高いものだった。

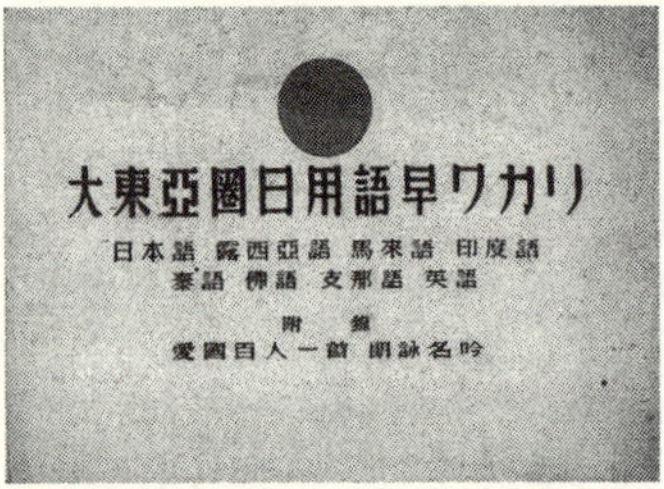

「大東亜圏日用語早ワカリ」（真日本社、1943年） 現在の旅行会話集のようなものも作られていた。対照言語に注目してほしい

「内外一如」の現実

これを建前とすれば、本音・現実のところでは、前線の日本軍兵士に兵器用語がきちんと伝達されるように「兵器名称及用語ノ簡易化ニ関スル規程」を出さざるを得なくなるのであった。この規程にもとづいて作られた『兵器用語集』（陸軍省、一九四〇）というものがある。そこではたとえば「螺桿」「駐螺」、「螺」「螺旋」「螺子」「螺絲」といった「従来ノ兵器用語」がならんでいる。これは一体何を指すのかわかるだろうか。戦争するにもまず漢字を覚えねばならないのだ。この用語集では、前二者を「ボルト」、後四者を「ねぢ」と称するように、としている。

また日本語教育でも、情報局の『ニッポンゴ』（一九四二）で簡用語三〇〇語を選定（助詞はト、ノ、カ〈疑問〉、ナ〈禁止〉。助動詞はないので動詞は活用しない）し、マレー語・タイ語・ベトナム語・ビルマ語・タガログ語の対訳がなされるなど、「敵前上陸」にたとえられるような、その場しのぎに近い教材も作成された。

ただ、作成者たちは、この『ニッポンゴ』の内容を「純正日本語」にいたる前段階だととらえており、非母語話者だけで完結する「日本語」の形態を認めることはなかった。それはつまり、「日本語」で「日本精神」を伝えるという大前提があったためで、「不純な日本語」ではその任に耐えられないという認識があったのである。

基礎日本語の思想

『文学序説』『文学形態論』などの著作があり、ウィリアム・ブレイクの詩の翻訳などでも知られる英文学者土居光知《どいこうち》（一八八六〜一九七九）は、東北帝国大学教授であった一九三三年に『基礎日本語』を発表した。これはオックスフォード大学のオグデンとリチャーズが作った基礎英語（*BASIC ENGLISH* この BASIC は、British, American, Scientific, International, Commercial の頭文字でもある）にならって、単語約千語で表現のできる簡易日本語を提唱したものであった。

土居が選んだ基礎日本語だけで説明されているこの本では、

この基礎日本語はわづかに千語である故に小学校の初めの五六年間に完全に読み書きができるやうになると思ひます。〔……〕朝鮮や台湾の人々に日本語を教へることが非常にむづかしいといはれて居ります。これから満洲でも日本語を教へることが必要になりませう。〔……〕整理され、記憶することがたやすくされた基礎日本語を以てしたならば、成功することができて〔……〕(傍線原文)

と、あくまで初学者用として「国内」と同時に満洲国といった場所での普及とを連関させて考えられていた。

その点で、地域によって区切る(あるいは区切らない)内外分離や内外一如という観点とは異なる。むしろ、学習のしやすさという点で地域で区切ることを無効にしていくのである。

また土居は一九四三年の著書でも、「他国人のために基礎語を作るよりも大多数の、高い教養を受けない、日本人のためにたやすく知識を伝へる文体を作ることが必要であると考へたのであります。〔……〕そしてこの理想を守ることによつて、基礎語は日本語を東洋の諸国に広めるのにも役立つかと考へます」と述べている(『日本語の姿』)。

簡易化の目的は明確である。しかし、国語協会が設定した基礎日本語と異なる点は、日本人にとっても必要であるという観点があるところである。

日本語教育経験の還流

また、日本語教育従事者の意見を吸い上げて組織化するために文部省主催で国語対策協議会（一九三九年、一九四一年）が、あるいは満洲国で東亜教育大会（一九四二年）などが開催された。

しかし、より簡易化しないと教授は困難だというかれらの率直な意見は政策に反映されなかった。ただし、第一回国語対策協議会の結果、外務省外郭団体（のちに文部省外郭団体）として日本語教育振興会が設置され、雑誌『日本語』（一九四一年四月〜四五年一月）の刊行や教科書編纂などの事業を行なった。この『日本語』には時枝誠記や安藤正次、小倉進平など国語学者や言語学者などが寄稿し、日本語普及のあり方についての理論的な議論が展開されていた。その一方、「大東亜共栄圏」各地での日本語教育や日本語普及の実際についての報告もなされており、戦時期の日本語教育を論じる際に欠かせない資料である。

「日本語」と植民地

日本語教育従事者の意見を中央が吸い上げることができなかった一方、周辺からの視線によって帝国の中心の「国語」的価値・機能が強化されることになった。

「国語」と「日本語」がはっきりと分けられ、後者の「東亜共通語」としての役割が明確化されると、「国語」が覆う植民地と日本本国との言語的差異は顧みられなくなっていく。

植民地でのバイリンガリズムが過渡的なもので早急に解消されるべきだという主張が強まっていくのもこのためである。あるいはまた、先に引用した海軍省調査課「大東亜共栄圏論」に「我が国が直接把握措置する地域と保護指導する地域との間に自《おのずか》ら政策上の差異あるを免れないが、一般的には極端な同化主義、皇民化政策はこれを避け出来うる限り諸民族の特性を尊重」することがうたわれている。これは逆にいえば、「直接把握」する植民地での一九三〇年代末以降の強力な同化政策である「皇民化政策」が当然のものとされていたということでもある。

このような時代状況のもとで、一九三〇年代末から植民地では徹底した「国語常用」「国語全解」運動（つまり、全員が常に「国語」を話せ、ということである）がくりひろげられ、「国語」理解率の上昇をはかった。そして「国語」には「醇正」さがより求められるようになった。その際には、「南方」での「日本語」の普及状態をもって、こうした運動を後押しする論法も登場した。

たとえば、一九四二年の朝鮮軍報道部監修『朝鮮徴兵準備読本』に次のような文章がある。

大東亜戦争の新占領地域における、日本語普及の予想外ともいふべき快速調は、一体何を物語つて居りますか。マレー、フイリピン、ボルネオ、東印度諸島、ビルマなどといふ極めて広い範囲において、各地それぞれの民族が自発的に、それこそ誰に強ひられるといふことなく、自ら進んで日本語の修得に躍起となつてゐる有様は、それが何を物語り、何を示唆してゐるかは、いふまでもないことであります。〔……〕我が半島同胞がこれ等の大東亜共栄圏内に居住する各民族の指導者たるべき、歴起とした大日本帝国臣民の一員であることは、動かされない世界的な公認事実であります。それにも拘らず、併合以来施政三十有三年にして、国語の普及状況が右の如き嘆かはしいものであることは、光栄ある皇国臣民の一員として、何としても申訳ないことといはねばなりません（原文には歴史的かなづかいのルビあり）

この読本は一九三八年の朝鮮半島での皇民化政策の核ともいえる陸軍特別志願兵制実施をふまえたものである（海軍は四三年）。この志願兵制は朝鮮人が「志願」して兵隊になるということだが、実質は強制の側面が強かったという。植民地で徴兵制が施行されていなかったのは、銃をもたせたらどちらに銃口を向けるか信用がならなかったためでもあったが、一九四四年には朝鮮で徴兵制が施行される（台湾の場合は一九四二年から陸軍志願兵制度が、四三年から海軍志願兵制度が、そして四五年から徴兵制が施行）。

ともあれこの引用が示すのは、よき「皇軍兵士」になるためには「国語」ができなければならないという主張である。そこに「大東亜戦争の新占領地域」での普及状況がもちだされている。「新占領地域」の人々がこれだけ頑張っているのに、君らは一体何だ、という恫喝《どうかつ》でもある。日本と「新占領地域」から植民地にかかる二重の圧力がみてとれる。

また、序章で引用した台湾人の話す「国語」を「台湾方言」としてとらえている人たちも、それを「正しい言葉」として認めずに矯正の対象とみなし、「大東亜共栄圏」の「南進基地」としてふさわしい日本語を台湾人は話すべきだという結論にいたる。これも同様の構図である。

5 日本語学の登場

国語学の限界

このようにみてくると、先にふれた、「国語とは日本語的性格をもったもの」、あるいは日本語学でも国語学でも同じだという時枝誠記の主張は、現実の政治のなかでは拍子抜けする。そうしたなか、国語学の限界を認識したうえで、あえて、日本語学なるものを構想した人たちがいた。

一九三〇年代になると、上田万年の次の世代が中心的に活躍し始める（上田は一九三七年に没している）。そこでは、西欧起源の文法概念で日本語を分析することを疑問視し、日本語を日本語として考察していくという立場が表明される。これはまた、従来の国語学を以下のようにとらえる立場であった。

①その起源が比較言語学という西欧言語学概念の直輸入にあったこと
②手法が言語の歴史をたどる研究から発するものであったこと

この二点を見直そうというものであった。この二点に関連させて具体的な問題点をあげよう。

近代の国語学は上田のように比較言語学を導入することから始まったが、結局は日本語と系統関係が証明できる言語がなかった（琉球語は方言とみなされた）。そしてまた、古い形にさかのぼろうとしたため、現実のことばの研究よりも、文献学的・歴史的研究に傾斜していった。

むろん、近代国民国家にとって必要な「国語」をつくりあげることに一定程度の役割を国語学が果たしたことは事実である。新村出の批判を紹介したように、比較言語学が国語運動の原理として利用された側面もある。しかし、一九三〇年代にかけては現実問題よりも、学問的な研究に力点が置かれるようになったこともまた事実である（そのひとつの頂点として一九三三年から三五年にかけて明治書院から刊行された『国語科学講座』の冊子計七七冊をあげることができる）。

また、文法論の問題においては、分析概念としてヨーロッパ諸言語の文法概念を流用していった（「主語」という設定が日本語の分析にとって有効か、といった議論はいまでもなされている）ことがあげられる。また、歴史研究に重点が置かれたことは、文語中心の分析となり、現代語の研究（話しことば・方言・アクセント研究など）の研究があまり進まず、同様の理由で音声学もいま現在のことばの音を対象にしたものは十分に開拓されていない分野であった。そもそも「現代語」という用語が学問用語としてあらわれることがほとんどなく、一九三〇年代では研究書の題名になることは稀であった。

また、比較言語学以降の西欧言語学のながれを国語学のなかに反映できていないことも問題として浮上してきた。一九三〇年代に言語心理学、言語社会学、言語地理学などが紹介されるが、たとえば言語地理学が柳田国男《やなぎたくにお》によって紹介され、『蝸牛考《かぎゅうこう》』（一九三〇）といった業績にまとめられると、国語学では柳田に連帯を求めていくほかなかった。

「日本語学」の射程

一九三〇年代から唱えだされた日本語学とは、こうした問題点を意識したものであった。時代が日本語学を要請したともいえる。

用例としての「日本語学」はすでに明治初年に教科目名として存在し（清水康行「日本語学と国語学」二〇〇二）、一八九〇年から一九〇〇年ごろの著作（たとえば岡倉由三郎『日本語学一斑』明治義会、一八九〇年〔これは音声学・比較言語学が軸となった本〕、天野房治『日本語学要覧』金昌社、一九〇五年〔これは文語文法の本〕）などにみられたが、この時代は「国語学」を好んだ。

また、比較言語学からの脱却という側面についていえば、国語学者亀井孝は二六歳であった一九三八年に「国語学よ、死して生れよ」という印象的な一文で終わる「日本言語学のために」を発表する。そこでは、国語学は言語学でなければならないと主張する。言語学がはらむ、自然科学ではない精神哲学の側面を国語学は学ばねばならないとするのが、同時に発表された「現代国語学思潮の素描」での主張であった。

つまり、比較言語学のような機械的なものとは異なる、言語とは何かを深くつきつめる学問であることを国語学に要求していたのである。亀井のこれらの文章では、現実的な社会問題のなかで言語を考えるという志向は見いだせないが、比較言語学の導入から始まった近代国語学のありように国語学内部からも一部ではあるが、疑問が示されていたことを確認しておきたい。

ラジオ放送と「日本語」

亀井のような認識では事足りず、「日本語」の普及という現実に役立つ学問であるべきだという立場もある。そうした立場からすれば、国語学自体がそうした問題を原理的に処理できなくなったという認識のもとで、新たに日本語学の樹立を主張した、ということになる。

くりかえすが、国語学は国民国家形成に際して一定の役割を果たしてきた。そのあり方が帝国日本のなかでは限界を迎えつつあった。時代は日本語学を要請したのである。

一九二五年にラジオ放送が始まると、音声の標準化が現実的な問題として登場する。「国語」あるいは「日本語」の普及に必須なのは、話しことば・音声言語である。しかし、それに対する学問的な研究、実践的な研究が、国語学ではほとんどなされていなかった。さらに、教育しやすい表記体系や統一された基準（アクセントなど）も必須である。しかし、どれひとつとっても不十分であった。

ラジオは音声のみに依存するメディアであり、文字による意味の確認は不可能である。そうした意味で、確固とした放送における標準語の確立が切に要請され、日本放送協会はたとえば一九三四年一月に「放送用語並発音改善調査委員会」を設置し、その設定に尽力していく。それと同時に単語のアクセントの統一も切実な問題として浮上してくるのであるが、日本放送協会が『日本語アクセント辞典』を刊行したのは、一九四三年のことであった。

また、一九三五年に日本放送協会から『宮廷敬語』というパンフレットが出されている。これは「皇室に関する敬語又は之に準ずる用語のうち、主として、発音上注意すべきものを掲げた」もので、宮内省や右記「放送用語並発音改善調査委員会」の審議を経て作成されたものである。そこでは五〇〇語の用語についての発音とアクセント、そして若干の解説が付されている。まず基準が示されたのが皇室用語であった点に留意しておく必要がある。

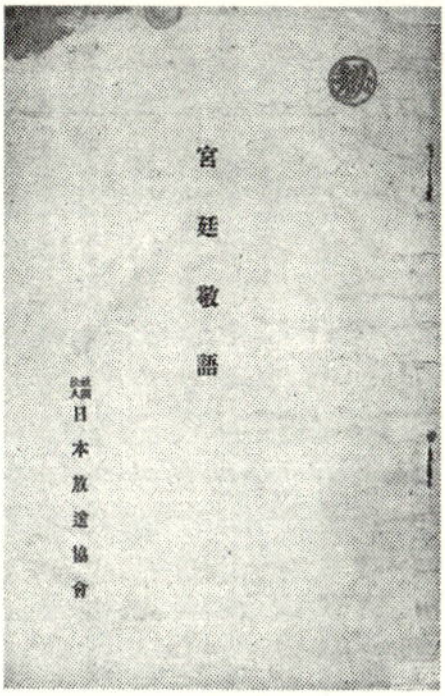

『宮廷敬語』1935年　マル秘であった

佐久間鼎と日本語学

一九四〇年の論文に「日本語問題の登場」という題を付してこうした事態をとらえた人物がいた。

あらたに登場した日本語の問題は、音声言語としての日本語を前面に持出して来た点および国内だけでなく国外に対しての文化工作の性質を帯びてゐる点で、かつて見られなかった新味を示す。〔……〕日本語の本領は、先人の偏見を離れて事理に徹することによつて、はじめて顕《あら》はにされる。

この文章を書いたのは佐久間鼎《さくまかなえ》（一八八八〜一九七〇）である。「国外に対しての文化工作」が要求されるときに、「先人の偏見」を離れ、「事理に徹する」研究を、というのは国語学への批判ともとれる。佐久間が東京帝国大学で専攻したのは心理学であったこともあり、国語学の枠にとらわれることはなかった。

一九一〇年代に主として東京方言のアクセントの体系化を試みたが、話者の心理と抑揚・イントネーションの関連からも、現代音声日本語を対象とした研究を行ない、音声学関係の著述もなしていく。いま現在話されていることばの、しかもアクセントに着目することは、その当時の国語学ではなかなかできないことであった。

その後佐久間は、一九二〇年代のドイツへの留学を経て獲得したゲシュタルト心理学（一九一〇年代にドイツで成立したもので、要素に還元できないまとまりのあるひとつの全体がもつ構造として心的現象をみる心理学）を念頭におき、一九三〇年代に現代日本語の文法体系をゲシュタルト（全体性）として把握し分析することになる。帰国後九州帝国大学の教授となった佐久間は、ゲシュタルト心理学の翻訳紹介に尽力する。

心理学ばかりではなく、国語学で等閑視されてきた現代日本語、口語のなかにもきちんとした体系があり、それは文語のものよりもよほど簡素で緊密な体制＝ゲシュタルトを形成している、という主張を佐久間は行ない、このゲシュタルトの分析が科学なのだとする。

話し手と聞き手とが構成する「場」のなかでの距離感によって「コソアド」の体系を説明したこと（図参照）や、動詞語幹を子音で終わるか母音で終わるかで分けることで、学習者にわかりやすい動詞の体系化をはかるなど、独創的な研究成果をあげている。

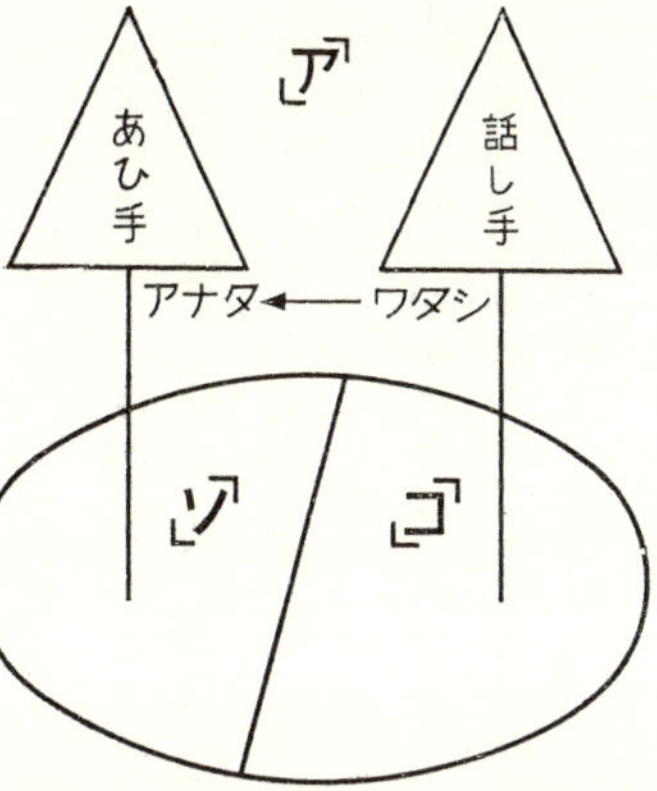

佐久間鼎が著作で用いた図　「場」のなかでの距離感によって「コソアド」の体系を説明

ちなみに、文法関係の論文は教育関係の雑誌に連載されたこともあり、佐久間は「ですます」調を用いた口語体で執筆していた。あるいは学術書の翻訳を口語体で試みるなどの実践も行なっていた。

「日本語の健康化」の問題

ところが、こうした姿勢にも問題がみえてくる。同じく一九三〇年代に佐久間は「日本語の健康化」という主張をくりかえすようになる。ここに佐久間の唱える科学の限界があった。つまり、現代音声日本語を「ありのまま」にみていくと、そこには漢語や文語に「汚染」されているという実態がうかびあがる。佐久間はそうした夾雑物《きょうざつぶつ》をとりのぞいていくことが「日本語の健康化」であり、「本然」にたちもどることだという主張を展開する。それこそが秩序ある統合された状態＝ゲシュタルトなのであった。

問題の第一点は「日本語の健康化」とは、一九三〇年代に盛んに唱えられた「身体の健康化」の流れのなかにあることとである。これは、一九三〇年代以降の戦時体制下のなかでとられた総力戦体制の一環でもある。総力戦とは軍事・政治はもちろん、経済・思想・文化の分野までふくめた国家の総力をあげて戦争を遂行することだが、二〇世紀の戦争指導体制は一般的にこのようなものであった。一九三八年の「国家総動員法」は象徴的だが、国民すべてが国家のために動員されるのである。

動員される以上、役立つものでなければならない。したがって、「健康」であることが奨励され、「不健康」なものの排除がなされていった。一九二〇年代後半以降、「思想善導」のために「健康」であることが奨励されるようになったという（北澤一利『「健康」の日本史』二〇〇〇）。国民の体力向上と軍需労働力の確保を目的とした厚生省の設置（一九三八年一月）も象徴的な出来事である。「健康」であるための「厚生運動」や「健民地」設置、「余暇」の奨励などがなされる一方、ハンセン病患者の全国的な強制隔離など、「不健康」とされたものへの排除の圧力も高まった（藤野豊『強制された健康』二〇〇〇）。結核予防や母体・乳幼児の健康、滋養強壮に努力することが、「健康報国」などと称されてもいた。また一九二八年に始まったラジオ体操にも、こうした「健民」思想をみることはたやすい（黒田勇『ラジオ体操の誕生』一九九九）。「健康優良児」制度にしてもそうである。

問題の第二点は「日本語の健康化」によって獲得される現代音声日本語が、結局は東京語・標準語でしかなかったところにある。つまり佐久間は、方言や煩雑な敬語、そして手話などを排除していったのである。なぜならそれらは「簡素で緊密な体制」を阻害するからである。佐久間自身は当時流行の「日本精神論」などの復古主義的論調とは距離を置いていたものの、その根拠は「科学性」の有無にあった。佐久間のいう「科学性」で排除されるものとは何か。こうした主張自体の問題は決して小さくはない。

一九四〇年代前半、つまり「大東亜共栄圏」の共通語としての「日本語」という位置づけがなされようとしていた時期に、佐久間はそれまでの研究の集大成といえる『日本語の特質』を一九四一年に刊行する。これは「日本語」普及の一助としての科学研究の成果であった。つまり、「はしがき」のなかで、「日本語の海外進出」を念頭に、「日本語の科学的認識といふことを目ざ」すとしたうえで、

〔……〕もちろん従来の国語学の研究のおかげを蒙《こうむ》るわけですが、そのおかげばかりでも足りないやうに思ひますので、外にもいろ〳〵な道具立をするために、おのづから毛色のかはつたものにもなつて来さうです。そこで、国語学といふ《ママ》名のることを遠慮して、一々日本語の科学的考察といふのもわづらはしいことですから、日本語学といふ称呼を用ゐて行きたいと思ひます。

と日本語学を意味づけている。一方、同様の意図から音声学に関する書籍も刊行している（『実践日本音声学』同文書院、一九四二）。「健康化」からより一歩進んで「優生学」的な表現もみえかくれし、言語に優劣はないといいつつも、「大東亜共栄圏」の共通語としての「日本語」の適格性を、英語やエスペラントとの比較のうえで、「科学的」に論証しようともした（「大東亜共通語としての日本語」一九四二）。

さらには、緊密な体制をもつ日本語が、純朴な古代におけるあり方と相似するといった議論もしていた（「生活語としての日本語」一九四二）。これも、「健康化」のひとつの結果である。佐久間が慎重に排除しようとしていた科学的根拠のない精神的な議論、日本精神論にみずからも入り込んでいったのである。

一九四九年九州大学定年後は、東洋大学や駒沢大学で教鞭をとった。

左翼ローマ字運動事件

佐久間と同時期に、漢字・漢語や敬語などを封建的なものとして排除しようとしていた人たちがいた。『特高月報』（内務省警保局保安課）一九三九年四月分の「共産主義運動の状況」のなかに次のような記事がある。

言語運動関係治維法違反事件の検挙と取調状況
山形県当局に於ては、予《かね》てより東北帝大庶務課雇齋藤秀一《ひでかつ》を中心とする国語国字ローマ字化運動に付き鋭意内偵中に在りしが、各種出版物、国際労農通信、国内同志との連絡通信関係等仔細に検討したる結果、巧に合法を擬装せる共産主義運動の一翼たるの容疑濃厚となりたるを以て、客年《かくねん》十一月十二日齋藤を検挙し、厳重取調べたる処本名を中心とする言語運動は、マルクス主義言語理論に立脚せる、所謂無産階級解放運動の一翼たるの任務を持つプロレタリア文化運動の一分野としての国語国字のローマ字化運動なること判明せり。

一九三八年に検挙された齋藤秀一（一九〇八〜四〇）は雑誌『文字と言語』を主宰していた。戦前の日本のエスペラント運動を語る際には欠かせない人物である齋藤の検挙がきっかけとなり、『文字と言語』への寄稿者などが、一九三九年六月五日に治安維持法違反容疑で検挙された。この検挙は唯物論研究会関連のものでもあるが、とくに「左翼ローマ字運動事件」とも称されている。

検挙されたのは、ローマ字論者であり、エスペランティストのなかでもその思想と唯物論を結合させたプロレタリア・エスペラント運動家たちであった（大島義夫・宮本正男『反体制エスペラント運動史』一九七四、佐藤治助『吹雪く野づらに』一九九七）。

プロレタリア・エスペラント論

唯物論と日本語ローマ字化運動とは一見関係がなさそうであるので、その接点を説明しておかねばならない。

代表的なプロレタリア・エスペラント論者である大島義夫（ペンネーム高木弘、一九〇五〜九二）が述べるように、言語の弁証法的発展は「民族語→民族語＋国際補助語→世界語の言語発展」（『日本語の合理化』一九三五）と規定された。ここから、それらが各々「封建社会→資本主義社会→共産主義社会」と対応する段階をふむといった発展段階論的言語観が生じる。

こうした言語観は当時のソビエト言語学で中心的に議論されていたものであった。「民族語」＋「国際補助語」（エスペラント）の時代（資本主義社会）に、両者が自由な交流をするためには「民族語」のローマ字化が必要になり、各「民族語」（ここでは日本語）がローマ字化されなければならないという主張との接点が生じるのである。

そしてさらにローマ字化すべき「民族語」の基盤が「生産者大衆の言葉」とされるようになり、たとえば「生産者大衆の「口語」」を基礎として「将来の標準日本語お確立」することを主張し、ローマ字表記にするべき論拠を「生産者大衆の言葉わ、常に口から耳えと伝わる。だから、それわ、言葉の本質である「音」おキソとしている」といった主張も登場する（高倉テル「日本国民文学の成立　下」一九三六）。

可能性と限界

そしてまた齋藤秀一は「民族語」と「国際補助語」の自由な交流を阻害するのが日本の植民地言語政策（植民地のことばを抑圧しているから）だと批判し、検挙された。

しかし一方で、唯物論研究会が企画した唯物論全書『言語学』（一九三六）で大島義夫はソビエト言語学の所説を引きながら「将来の人類共通社会が成立し、民族性と国際性の対立が止揚されるとき、世界語は民族語と国際語の対立を止揚して、成立する」と述べていた。

つまり結局は世界単一語（共産主義社会）に帰着する理論であった。

したがって帝国主義的な言語政策への批判の理論にはなっても「民族語」を死守する理論にはならず、反対に「民族語」が「止揚」されるのを理想とする議論となったのである。

高倉テル『ニッポン語』（北原出版、1944年）

左翼ローマ字運動事件で検挙された評論家高倉テル（一八九一〜一九八六）は『ニッポン語』を一九四四年に刊行しているが、そのなかで

> 交通が開け、身分制がなくなり、ニッポン語がブンレツする原因は、今は何もなくなった。今こそ、ニッポン語が、単一な民族語として、全ニッポン民族を結びつける時がきた。〔……〕コトバは民族の血だ。血はあくまでも清くなければならない。清ければ清いほど、その民族は強い。

と述べている。佐久間と論じていることにそう大差はなく、漢字・漢語を封建制の残りカスとみる高倉は、先にみた『兵器用語集』を念頭に、軍隊用語から漢語が少なくなっていることとを賞賛している。「ニッポン人を動かすには、やはり、祖先の血のつながっているニッポン語でなくてはならなかった。〔……〕ニッポンの生産力を高め、軍隊を強くすることと、かたく結びついている」と述べるのである。しかし高倉は検挙される（ちなみに、検挙取調中に逃走した高倉を援助したとして一九四五年三月に検挙され、敗戦後も拘置所に入れられたまま同年九月に死亡したのが、哲学者三木清であった）。佐久間と違って、結びついた先の思想が当局に問題とされたわけである。なお、この『ニッポン語』の基礎にソビエト言語学があると指摘されている（田中克彦「「スターリン言語学」と日本語」一九九八）。

この「左翼ローマ字運動事件」で検挙された十数名は、結果的に実刑判決を受けなかったものの、齋藤秀一は、度重なる逮捕投獄で体を壊し、一九四〇年に三二歳の生涯を閉じる。

日本語学は何を求めるのか

現在では、佐久間鼎は、三上章《みかみあきら》（一九〇三～七一）や奥田靖雄《おくだやすお》（一九一九～二〇〇二）や寺村秀夫《てらむらひでお》（一九二九～九〇）といった「国文法」には収まらない文法研究の前史的存在として、日本語学では扱われている（とりわけ三上章は佐久間の著作に傾倒していたという。益岡隆志『三上文法から寺村文法へ』二〇〇三）。佐久間や、それに連なる日本語学の先人の業績を批判するつもりはない（それほどの力量はない）。

しかし、日本思想史研究者の宮川康子は、現在の日本語学のありようが多様化していっているけれども、その学としての正統性は、佐久間が唱えた「音声言語としての日本語の理法」を追求・記述することにある、としたうえで、研究が進展するにつれて、佐久間という「はじまり」が忘れられようとしているが、佐久間がどのような文脈で登場し、何をどのように論じていたのか、という点を忘れてはならない、としている（「「日本語学」・二つのはじまり」一九九四）。

まさにその通りである。時代の要請に応じるのも学問の務めであるともいえるのではあるが、時代のありように批判的であることもまた学問の務めではないのか、という問いだけは発しておきたい。

第4章　帝国崩壊と「国語」・「日本語」

1 敗戦と「国語」

戦前と断絶したのか

帝国日本はポツダム宣言を受諾し、一九四五年八月一五日にアジア太平洋戦争の戦闘終結宣言が天皇の声によって放送された。

この「終戦の詔書」、いわゆる玉音放送は、録音の状態もあるが、難しい漢字語が多用されており、文体もふくめてとうてい音声だけで理解できるようなものではない。NHKアナウンサーの解説によって事態が理解できたといったほうが正確だろう（佐藤卓己『八月十五日の神話』二〇〇五）。

天皇の発する文書である詔書という最も権威のある書きことばが、音声に頼るしかないラジオで話されることによって戦争が終結したという事実は、書きことばと話しことばとのあいだにある溝を埋めるものとしてつくりあげようとしてきた「国語」が、結局はその使命を十分に果たせなかったことを象徴的に示している。

敗戦によって日本の言語環境は一変する。周知のように、ポツダム宣言によって日本の主権は「本州、北海道、九州及四国並に吾等の決定する諸小島に局限」された。

そして連合国軍最高司令官総司令部（GHQ）がポツダム宣言を実行するという目的で日本を占領下に置く（実質的には米軍司令部であった）。ちなみに占領状態は一九五二年四月のサンフランシスコ講和条約の発効まで継続する。

ともあれ日本は「民主主義国家」として再出発することになった。これは国民国家の再形成でもある点に着目したい。この新たな国民国家が、帝国日本と完全に断絶したところで生じたわけではないことは当然である。しかし過剰なまでの「それ以前」の否定のうえで始まったこともまた事実である。

たとえば、ローマ字論者として著名で、一九三九年には左翼ローマ字運動事件で検挙もされている平井昌夫は一九四八年に刊行した『国語国字問題の歴史』のなかでこの時期のことを以下のように述べている。


昭和二十年八月十五日に日本は聯合《れんごう》国軍に対し全面的な降伏をなした。この日をサカイとして、軍バツ・官僚の支配した半封建的日本は一挙に姿をけし、アメリカを先頭とする聯合国の要望と指導とによつて日本も民主主義的な平和国家として生れかわることになつた。血を見ない民主主義革命は、政治に、経済に、産業に、科学技術に、文化に、教育に、およそ一切の部門にわたつて着々と進行しつつある。少数特権のための日本ではなく、大多数の国民大衆のための日本が生れ出ようとしている。国民大衆は一切の自由を回復し、基本的人権を保證された。戦争が敗戦の様相を呈するにつれて、インケンで巧妙な弾圧政策のイケニエにされた国語国字問題も、今や日本の民主主義化の重要な役目を与えられて、はなばなしく社会の表面にあらわれた。

戦前が少数支配による「半封建的社会」であり敗戦後は「国民大衆」の手になる「民主主義的社会」となったという見方は必ずしも妥当ではなく、アメリカが完全な民主主義を導入したわけでもない。しかし日本の言語をとりまく環境変化に対する認識は、平井のようなものが一般的であった。

「国語民主化」という方向

この時期の国語国字問題の議論は文体、表記などの問題に集中した。敗戦後一年間の新聞や雑誌などにあらわれた国語問題の議論については、当時文部省にいた白石大二が『終戦後における国語改良の動向』（一九四七）という冊子にまとめている。また初等教育でローマ字だけによる教育が実験的になされもした（マーシャル・アンガー『占領下日本の表記改革』二〇〇一）。

こうした議論の基本にあるのは「国語民主化」であった（ことばとしては、一九四六年二月一八日『読売報知』「社説」の「国語の民主化」あたりがはやいものだろう）。「国語民主化」というとやや耳慣れないが、要は文体・表記法などの合理化・簡素化のことである。一九四五年一一月一六日『朝日新聞』「天声人語」では、「真の独立した国民は当然また真に良き国語を育むことによつて、自らの国民性の正しき表現も、世界文化との交流も一段と容易になし得る」と論じ、「過去のファッショ的空気の裡《うち》に強制せられたやうな情報局張りの生硬な漢語の羅列や、大東亜に向つて推《お》しつけられた間違ひだらけの片仮名文章ではなく、「簡素で平易で而《しか》も正確な普及を計ると共に、せめて華語と英米語との何《いず》れか一つ位は若き世代の人々に学習せしめる途が開かれて然るべき」だとしている。

これに先だち、一九四五年一〇月四日の同新聞「社説」では、「良き国語の普及を図れ」と題して「口に称へて滑らかに、耳に聞いて快く、その上、読み書きするに不便不自由のないやうな新時代にふさはしい新国語の普及」を望む、としている。そして、これまでの「偏狭固陋《ころう》な国語万能論」を排すべきだと主張している。合理化・簡素化して誰にでもわかりやすくすることが、「民主化」とされたのである。戦前の「封建的」という暗さと敗戦後の「民主的」な明るさという対比の構図のなかで、国語国字問題、ひいては「国語」に対する認識も語られていくようになった。

これはすでにみた「国語」簡易化を拒絶する「封建的」な「国語」簡易化反対論が下火になったことを意味している。したがって、次にみるような国語審議会の「国語」表記簡易化案が政策として実行されたのである。しかし注意しておきたいのは、簡易化論にせよ否定論にせよ帝国日本の支配原理を当時にあって否定していたわけではなかった点である。

そこで、帝国日本の支配原理を否定した勝者が敗戦と同時にやってきたとき、勝者のもたらす「理念」を敗戦国日本は採用することになった。それが「国語民主化」であった。平井昌夫は『国語・国字問題』(一九三八)のなかで、戦争が終わると言語問題への関心が高まると述べていた。国家体制が大きく変動するときにことばへの関心が高まるということである。この法則は、一九四五年の敗戦でも通用した。

制度的な連続――国語審議会

とはいえ、帝国の残影は色濃く残っていた。こうした「国語民主化」といった新たな動きがどこまで戦前の「清算」のうえに成り立っているのだろうか。たとえば、一九三四年に官制公布された文部省国語審議会は、系譜としてみれば一九〇二年に官制公布された国語調査委員会につながるものである。

これは敗戦後も制度的に存続し、一九四六年には「現代かなづかい」と「当用漢字表」を答申している。国語審議会は戦前から「国語」簡易化を積極的に論じてきた機関であった。ただ問題は、その答申が政策的に実現されなかったことにある。

国語審議会は諮問機関である。したがって一九三五年の文部大臣からの諮問「1　国語ノ統制ニ関スル件　2　漢字ノ調査ニ関スル件　3　仮名遣ノ改定ニ関スル件　4　文体ノ改善ニ関スル件」は敗戦を経ても生きていた。

先に引用した一九四五年一一月一六日『朝日新聞』「天声人語」は、「この辺で国語審議会あたりもそろそろ冬眠から醒《さ》めるべきではないか」という文で終わっている。その一一日後に、敗戦後初の国語審議会総会（第八回）が開かれた。そこでなされた文部大臣のあいさつ要旨（代読）では、戦前の諮問を確認したうえで、「新生日本再建の時に当りまして、国内のあらゆる方面に徹底的改革を必要とし」、「国語問題の解決は、これらすべての改革の前提をなし、基礎をなすもの」と位置づけている。そして、「国語の純化」「平易にして正確、典雅にして明朗な国語の制定」が急務であり、「複雑かつ無統制に使用されている」漢字が、「文化の進展に大なる妨げ」となっているという認識が示されている（文部省『国語審議会の記録』一九五二）。再開された国語審議会は、この諮問への答申として一九四六年の「現代かなづかい」「当用漢字表」を提出したのである（厳密にいえば、「当用漢字表」は一九四二年答申の「標準漢字表」の再検討から始まっている）。

この答申は一九四六年に内閣訓令・告示として公布された。くりかえすが公布にまでいたったことが戦前との大きな違いであった。この施策は多少の変更を加えつつも(「現代かなづかい」が「改定現代仮名遣い」〈一九八六年〉、「当用漢字表」が「目安」としての「常用漢字表」〈一九八一年〉に)、現在の標準的な表記法と制限漢字の基準となっている。確認しておくが、あくまでも内閣訓令・告示なので、使用が一般に強制されるものではない。しかし、行政文書や教育、そしてメディアがこれに準拠していくと、事実上の規範となっていくのである。

一九四六年の答申の内容を支えるのは、たとえば植民地での国語教育や占領地での日本語教育で行なわれていた表記法といった具体的な経験であり、そうした簡易化の運動を支持していた人脈であった。このあたりの事情については、戦前戦後と「国語」簡易化を国語審議会などにあって主張していた国語学者保科孝一の業績を分析したイ・ヨンスクの著書に詳しい(『「国語」という思想』一九九六)。保科は、戦前から国語審議会の幹事長であった。つまりは、敗戦後の「国語改革」にそれ以前から関与できる場所にいたということである。

思想的な連続――保科孝一の場合

こうした制度的な連続性以上に重要なのは、敗戦後の「国語」論者の論じ方に何らの変化がないことである。戦前の「国語改革」の基盤が「言語統制」(その結果としての「大東亜共栄圏」などでの普及）にあり、敗戦後の「国語改革」の基盤が「国語民主化」（その結果としての「民主的な国民」の形成）である点に、本質的な差異をみるべきではない（なお、この官制にもとづく国語審議会は一九四九年の文部省設置法にもとづき、国語審議会令による委員会に改組された。そして審議会の整理統合により二〇〇一年一月に廃止され、同年から文化審議会国語分科会となる）。

たとえば、保科孝一は一九四八年発行の『国語学』創刊号に「国語の統制を強化せよ」という一文を寄せている。その内容は、

これを要するに、国語に対して統制を強化することは、いまや絶対に必要である。由来我が国語はあるがままにあり、動くまゝに動くに任せ、なんら統制を施さなかつたから、国語としての体制や様相に、荒れすさんだあとが多分に認められる。〔……〕民主日本の建設を契機として、国語の純化運動を大がかりで起すべきである。

というものだ。どこが「民主」なのかといえば、

民主日本の国語としては、これまでの様相を改めて民主的なものに改めていかねばなら

ぬ。これまでの国語には、超国家的や封建的な用語や表現形式が多分に存在するので、これを一掃して民主的なものに改善することが、今日の時勢上もつとも急要とするところであるが、これに対しては、有力な国家的機関の力にまたなければならないことはいうまでもない。

つまり、語彙や表現をかえれば「民主日本」になれるのだというわけである。

ここで保科が一九四〇年に「新体制」が叫ばれていたころに書いた「新体制と言語の統制」を引用してみよう。これも、「わが国の言語は古来自然のまゝに発達して来たので、〔……〕確固たる標準がな」いという、一九四八年と同様の嘆きから始まり、

いまや昭和維新の新体制により、百事更新の気運を促して居る。〔……〕これまでいまだ統制を加えられたことのない国語・国字についても、放漫な自由主義をすてゝ、厳重な統制を加えることが、今日の国策上もつとも重大な問題であると信ずる。わが国語をまつたく放漫な自由主義の下にさらし、国民がすこしもこれを顧みず、自覚自粛の念を有《も》たなかつたので、国語が年を追うて荒《すさ》んでいつた。〔……〕ゆえに、フランスのアカデミーのような権威ある機関を設けて厳重に統制していくことが、今日の急務であり、

新体制の波に乗れば、かならず出来ると思う。

右の「新体制」を「民主化」に、「放漫な自由主義」を「超国家的、封建的」と交換すれば、国家機関による統制を求めている点もふくめて、一九四八年の文章と内容が一致する。保科の意図は「民主化」であろうが「新体制」であろうが、とにかくその時々の時流のことばを用いて「国語統制」を行なうところにあった。「統制」と同じイメージで「国語民主化」をとらえていたのである。これはもちろん、保科個人の歴史認識の問題ではあるが、大半の知識人の敗戦ののりこえ方が、保科のものと大幅に異なっていたとはいえないだろう。

忘却される植民地

このように、「民主化」ということばを使って「上からの改革」を行なうという認識はひとり保科だけのものではない。保科は戦前から、言語問題を政治化する可能性のある「政治的国語問題」と言語内的な整備である「人文的国語問題」に分けて論じていた。「大東亜共栄圏」大にまで拡大した帝国日本のなかで「政治的国語問題」が生じる可能性を指摘し、予防策としての「国家語」の制定を主張してもいた。その保科は、一九四六年の文章で次のように述べている。

朝鮮台湾および満洲と離れた結果政治的国語問題はわが国に取つてきはめて軽いものになつたが、その代り文化的国語政策は新生日本に取つて、もつとも重大な意義をもつやうになつたのであるから、国民はよく自覚反省して、民主主義国家の健全な発達に役立たしめるやう努力しなければならぬ。（「新生日本の国語政策」）

植民地などが「離れた」（この他人《ひと》まかせの表現には留意しておきたい）結果、言語問題の政治化は生じにくくなったということである。そうした重荷が「離れた」からこそ「国語民主化」がしやすくなったわけである。こうした認識の人物がいま現在の表記や漢字制限の基礎となるような場で強力な力を発揮していたことを記憶しておいて損はない。あからさまに「日本語は日本人のもの」といえた状態、つまり植民地や沖縄などが切り離されたなかで、「国語」を再構築することになったのである。

植民地経験の想起――志賀直哉の場合

植民地経験が忘却ではなく、奇妙な形であらわれることもあった。

敗戦後の国語論として一般にも知られているのは、「小説の神様」といわれる志賀直哉

（一八八三〜一九七二）が一九四六年の「国語問題」のなかでフランス語を「国語」にしたい、と述べたことではないだろうか。これは「国語」としてフランス語を採用することで書きことばと話しことばとを一致させようとした議論とよみかえることができる。

志賀は、「今までの国語を残し、それを造り変へて完全なものにするといふ事には私は悲観的である」としたうえで、

〔……〕そこで私は此際、日本は思ひ切つて世界中で一番いい言語、一番美しい言語をとつて、その儘《まま》、国語に採用してはどうかと考へてゐる。それにはフランス語が最もいいのではないかと思ふ。

〔……〕フランス語を想つたのは、フランスは文化の進んだ国であり、小説を読んで見ても何か日本人と通ずるものがあると思はれるし、フランスの詩には和歌俳句等の境地と共通するものがあると云はれてゐるし、文人達によつて或る時、整理された言葉だともいふし、さういふ意味で、フランス語が一番よささうな気がするのである。

としている。あまり根拠がある議論ではない。ただ、「国語」をフランス語にかえていく具体的な方法として、以下のように述べていることに注意したい。

志賀直哉

国語の切換へに就いて、技術的な面の事は私にはよく分らないが、それ程困難はないと思つてゐる。教員の養成が出来た時に小学一年から、それに切換へればいいと思ふ。朝鮮語を日本語に切換へた時はどうしたのだらう。

日本語からフランス語に「切換へ」るに際して日本の朝鮮支配が志賀の頭をよぎっている。敗戦によって植民地での言語支配が日本にとっての、保科のいう「政治的国語問題」ではなくなった以上、それが参照されるのはこうした技術的な側面だけになってしまうのである。

アメリカ教育使節団報告書

GHQは、日本の教育に関する問題について日本の教育者に助言および協議するためにアメリカの教育者グループを派遣するよう、米国陸軍省に要請した。この要請に従って二七名が一九四六年三月に派遣され（第一次。第二次は一九五〇年）、日本の教育の方向性を示す『アメリカ教育使節団報告書』を一九四六年に刊行した。

この報告書の要請に従い、日本政府内に教育刷新委員会が設置され、文部省およびGHQとともに、報告書の勧告の方向に沿って戦後教育改革を行なっていく。そのなかで教育基本法（一九四七）や六・三制、教育委員会制度などが実施される。

こうした重要な報告書のなかで日本語のローマ字化が提案されているのは有名である（詳細は茅島篤『国字ローマ字化の研究』二〇〇〇を参照）。報告書で次のように書かれている点に注目したい。

> 本使節団の判断では、仮名よりもローマ字のほうに利が多いと思われる。さらに、ローマ字は民主主義的市民精神と国際的理解の成長に大いに役立つであろう。〔……〕この世に永久の平和をもたらしたいと願う思慮深い人々は、場所を問わず男女を問わず、国家の孤立性と排他性の精神を支える言語的支柱をできる限り崩し去る必要があるものと自覚している。ローマ字の採用は、国境を超えた知識や思想の伝達のために大きな貢献をすることになるであろう。
>
> （『アメリカ教育使節団報告書』）

民主主義がローマ字とともにやってくるというのだ。現実にはローマ字化はなされなかったものの、「外圧」によって「国語」簡易化、「国語民主化」がなされた側面があることを確認しておきたい。

たとえば、法令文の口語化については、日本国憲法が歴史的かなづかいではあるものの口語文で書かれたことが、すべてを象徴している（日本国憲法の文体が翻訳調であるといった批判は当時からすでにあったが、いまになってみると、文体としても格調高い）。

国民の国語運動連盟

一九四六年四月に結成された「国民の国語運動連盟」は「国語民主化」に対処するための組織であった。設立発起団体にはカナモジカイや日本ローマ字会、言語文化研究所（一九四六年三月設立。日本語教育振興会の後身団体）など三三団体が名を連ねている。事務局は言語文化研究所に置かれた（その一方で、カナモジカイ、日本ローマ字会、日本エスペラント学会などは一九四六年二月に設立された日本民主主義文化連盟にも参加）。

志賀直哉も発起人の一人となった国民の国語運動連盟の前身は、『路傍の石』で有名な作家山本有三（一八八七〜一九七四。戦前に漢字のふりがな廃止を唱え、小説『戦争と二人の婦人』〈一九三八〉で実践）が設立した国語文化研究所にあった。

山本が主宰し元台北帝国大学総長安藤正次を所長とする三鷹国語研究所が、戦前から文部省と興亜院（のち大東亜省）の外郭団体として存在していた日本語教育振興会などに呼びか

戦中・戦後直後の言語団体の関係（1946年国民の国語運動連盟まで）

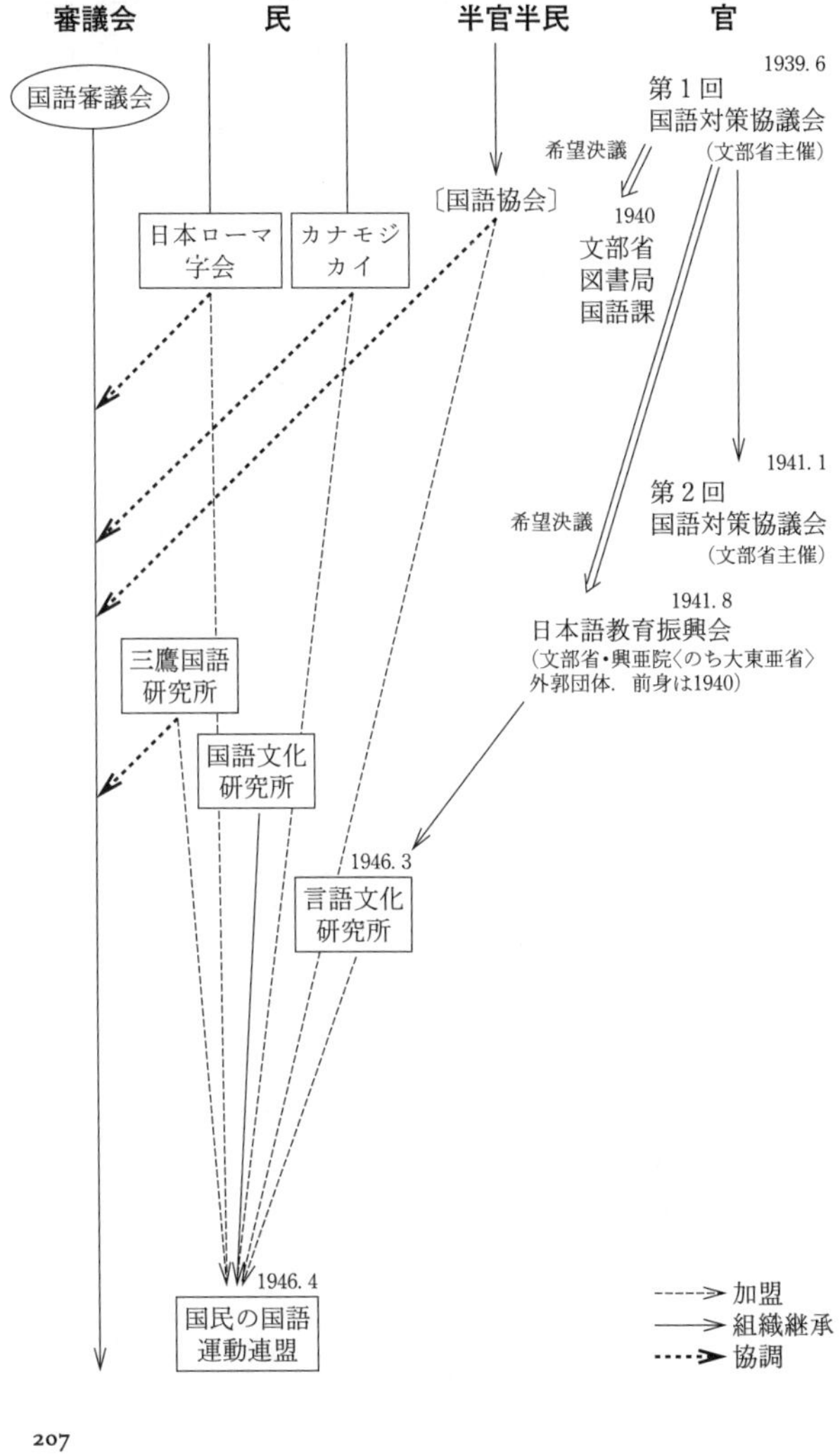

けて結成したのが国語文化研究所であった。

国語文化研究所設立の契機はGHQの民間情報教育局（CIE）のロバート・ホール海軍大尉の山本有三邸訪問であったという。ホールから日本語の難解さを指摘された山本や安藤正次は、かねてからの主張もあり、GHQの力を借りる形で民間団体糾合をはかったのである（平井昌夫『国語国字問題の歴史』）。

日本語のローマ字化は検閲作業を容易にするという目的もあったに違いない。そうした事業に日本の民間言語運動団体は「国語民主化」「新文化建設」として積極的に応じていったのである。

ちなみに安藤正次は、この運動を「わが国民の間に国語、国字の問題を国民自身の手で解決し、国語を真に国民の国語たる本然の姿に立ちかへらせようといふ運動が、下より盛りあがる力によつて勢を得て来た」ものだとし、こうした「社会民衆の協力と実践とによつて、今までよりはずつと立派な国語が新しい平和日本の象徴として国民に親しまれる日の近からんことを念願してやまない」と期待を込めて語っている（『国語国字の問題』一九四七）。

この国民の国語運動連盟の主意書は、

国語国字は、国民全体のものです。だれにでもわかり、だれにでも使ひこなせるものでなければなりません。ところが、これまでの国語国字は、国民の多数にとつて、ただしく読み書きができないほどむづかしいものでした。こんなことでどうして新らしい文化日本をうちたてることができませう。

という文章で始まる（平井昌夫『国語国字問題の歴史』）。

この文章と、一九三七年に国語国字の整理統一をはかってさまざまな団体を糾合して成立した国語協会が、一九四二年にカナモジカイとともに当時の東条英機首相に提出した、「大東亜建設に際し国語国策の確立につき建議」の文章とを比べてみたい。

日本を盟主とする大東亜共栄圏を建設するためには、各地の諸民族の間に日本語を通用語として普及せしめねばならぬ。〔……〕しかるに、これまでのわが国語は極めて複雑かつ不規則であるから、この際思いきった整理改善を加えて、これを簡易化しなければ、大東亜の通用語として、ひろく普及せしめることは、とうてい望めない状態である。

何が同じで何が違うか。同じなのは国語国字の簡易化、違うのは外的状況である。

たとえば、カナモジカイが敗戦後「国語民主化」を唱えた国民の国語運動連盟の発起団体に入るのであれば、こうした戦前のさまざまな政策関与のあり方を総括しておかねばならなかったのではないだろうか。カナモジカイに限った話ではもちろんあるまい。

総括の不在

そうした総括を行なわないまま、「国語民主化」を「大東亜共通語建設」にかわる新たなスローガンとして敗戦後を民間諸団体の多くは切り抜けていった。

雑誌『日本評論』一九四六年六月号が堂々と「ことばの革命」という特輯を組み、高倉テル、向坂逸郎《さきさかいつろう》、永積安明《ながづみやすあき》、徳永直《とくながすなお》などといった左翼陣で論を張った一方で、保科孝一から、左翼ローマ字運動事件で検挙された高木弘（大島義夫）までが「国語改革の諸問題」を特輯した同一の雑誌（『思潮』一九四六年九月号）に意見を寄せる呉越同舟的状況にあったのである。

平井昌夫は、一九四六年四月の国民の国語運動連盟の創立総会で連盟の保守性を攻撃し、役員について「戦犯やその後補《ママ》者」を選出しないように要請した（『国語国字問題の歴史』）。これは、真の「国語民主化」とは何かがうやむやのまま、戦前の行為についての反省のないまま、「挙国一致」的、「総動員」的なありようを示していた連盟のあり方に、左翼ローマ字運動事件で検挙経験のある平井が危惧を抱いたためであった。

結局、国民の国語運動連盟は、呉越同舟的な性格を拭うことはできず、設立経緯から致し方ないとはいえ、安藤正次が委員長となり、平井のいう「保守的」な者たちが連盟の中枢を担うことになった。しかし、日本放送協会、日本出版協会、共同通信社などをふくむ各種団体が参加したこの連盟が敗戦後の「国語民主化」のなかで占めた位置は決して小さくない。

こうした事例をここで出し尽くすことはできないが、総じていえば「民主化」の安売りであり、「民主化」が単にことばのいいかえだけでは実行できない意識改革の問題であることをどれほど理解していたか、疑問である。

「戦後民主主義」にみあった「国語」の構築が目指されていたとまとめてよいのだが、逆にいえば、ここで構築された「国語」にみあったものが「戦後民主主義」であったともいえる。

このような意味でも、「国語民主化」は実体化されなければならなかった。

2　批判的「国語」のあり方

「国語民主化」の実体化

「国語民主化」の実体化とは何だろうか。

科学によって日本を民主化するために一九四六年に設立された民主主義科学者協会（民

科）という組織があった。人文・社会・自然科学の諸分野にわたって部会が設置され、最盛期には会員一万名、全国各地の支部一〇〇余に達し、機関誌として『理論』『民主主義科学』などがあった。活動は十年ほどで終息していくのだが、多数設置された部会のなかに言語科学部会があった。民科も国民の国語運動連盟に参加はしていたものの、ソビエト言語学を受容したものもいた言語科学部会としては、連盟の主流とは一線を画すことにならざるを得なかったと思われる。

また、「思想の科学研究会」という研究会があった。ここではこの研究会が一九四六年から五〇年間刊行してきた『思想の科学』での議論をいくつかとりあげてみたい。『思想の科学』は言語問題を積極的にとりあげていた。それは、「創刊以来続いて追跡している主題」に「従来の哲学的方法によらないで哲学的問題お論じるやり方」「ひとびとの哲学」「言語についての綜合的研究」「外国で刊行された画期的な学術書の紹介、批判」がかかげられているところからも明確である。

明治初期に刊行された『明六雑誌』と比較して論じた歴史学者安田常雄によれば、「『思想の科学』の言語問題への関心は、明六社が直面した近代国民国家の「国語」としてどのような言語を採用するかという問題よりも、その言葉の使われ方の革新に焦点があったよう」だという（安田常雄「『明六雑誌』と『思想の科学』」二〇〇五）。

亀井孝の議論

一九三〇年代に精神科学としての国語学（＝日本言語学）を主張していた国語学者亀井孝は、一九四八年に『思想の科学』に寄稿した「日本語の現状と術語」のなかで、戦前の学問を総括して「学問の自律に対する自己批判的な反省がなかったところに、日本の学問の弱点があつたのであり、したがつて、一定の成果をあげみちびいた学問の方法はあつても、方法精神への自覚がなかつたのである」とした。

「方法精神への自覚」とは抽象的であるが、亀井は「学問の歴史と進歩」を示す「術語」をその精神とともに取り入れよと主張する。その際には無理矢理翻訳する必要もなく、原語そのままでも構わず、そのためには「西欧語の語学的教養を要求する」ことも、「みづからの進歩」のためには不可欠であり、そうでなければ「戦争にやぶれたかひはない」とまで述べる。

敗北主義にもみえる論だが、要は「原語の精神をとりいれ、批判の基礎をつくること」の必要性を説いているのだ。なお、亀井のこの論文が掲載された号の特集は「学問と学問言葉」というもので、「きいてわかる学問言葉を作る会」という座談会がなされている。書きことばと話しことばとの溝を埋めていく試みでもあった。

鶴見俊輔「言葉のお守り的使用法について」

具体的なことばの運用形態に関わる問題を中心的にあつかっていた『思想の科学』創刊号（一九四六年五月）に掲載された鶴見俊輔「言葉のお守り的使用法について」で展開される議論はよく知られたものである。

先の安田の指摘の代表的なものといってよいだろう。つまり、この「使用法」とは「お守りと同様に、（之さへ身につけておけば、害心ある人々より己を守る事ができるし、不時の災害を免れる事ができる）といふ安心感を使用者各自に与へるを常とした」というものである。これは当初は「魔除けとして、或はその事業の上に、或はその思想の上に、之等の言葉を冠した」ものの、一九三〇年代からは「好戦的思想を有する者のみ之を帯びる資格ありと見做《みな》されるに至つた」という。感覚としてはそうなのだろう。たとえばそれは「八紘一宇《はっこういちう》」であったり「肇国《ちょうこく》の精神」であったりしたという。敗戦を機に、「お守り言葉」は独占されることがなくなり、誰でも自由に使えることになった。ここまでならば、よくある戦前批判で終わってしまうのだが、鶴見の場合は、ひとあじ違う。つまり、こうした戦前の「お守り言葉」の代わりに登場したのが、

鶴見俊輔

〔……〕米国から輸入された「民主」、「自由」、「デモクラシー」等のお守りが盛に使はれるに至つた。終戦後に簇生《そうせい》した各種文化団体が、その顔ぶれと傾向の如何を問はず、或は之等を誌名に入れ、或は趣意書の中に盛込んだ状況より察すれば、之等は明らかに新時代に即した魔除け言葉として用ひられたのであらう。更に戦前から戦中にかけて侵略を歓迎せるかに見えた評論家達が「民主」、「自由」、「平和」を謳《うた》つた事を見ると、彼等がその間の変化に恥しさを感じない所の根拠は、彼等が之等の言葉のお守り的性格を考慮した結果、言葉が変つたとて内容には変りがなくてよいのだといふ認識に達した事にもあるかと判断される。

と指摘するのである。先にみた保科孝一のような、ことばだけをかえて、「お守り的使用法」として用いつづけた者は決して少なくなかったということである。そしてまた、ローマ字採用で「民主化」がなされるといった浅薄な『アメリカ教育使節団報告書』への批判ともいえなくもない。

なお、鶴見が同じ文章で、こうした使用法について自覚的でないと「お守り言葉を繞《めぐ》つて日本の政治が再開されるなら、国民は何日亦《いつまた》知らぬ間に不本意の所に連込まれるか分らない」という予言が現在的中していることは、あらためて指摘するまでもない。

ともあれ、こうした「お守り的使用法」から逃れるために鶴見は社会条件の変革を第一に唱える。そしてことばそのものについては、「形式的改革」として「漢字制限、仮名文字化、ローマ字化を通して意味の分り難い言葉を漸次淘汰《とうた》する」方法と、「機能的改革」として「国語教育の改革」を唱える。つまり、「人々が日常使ひなれて居り意味を経験に直結し得る少数の単語を規定し、之等の操作に依つてどんな事柄をも表現し、どんな難文章をも解釈し得る如き組織を作る事」だという。その「組織」が「基礎日本語」であった。

これは奇妙に、土居光知の『基礎日本語』と重なってくる。一九三三年に土居が発表した『基礎日本語』は、オグデンとリチャーズの *BASIC ENGLISH* を念頭に置いたものであったことはすでに指摘したが、鶴見は『思想の科学』の次の号に「ベイシック英語の背景」を掲載する。これは簡単に *BASIC ENGLISH* を紹介したものでもあるのだが、「言葉のお守り的使用法」の続編でもある。つまり、この使用法の呪縛から逃れるためにも「ベイシック英語」の考え方を利用してみたらどうか、というのである。英語ベースの発想ともいえるのだが、その主張をみてみよう。

わが国の人は子供も大人も、言葉のお守り的使用法の弊害をうけているから、これから解放されるためにも、一応ベイシックの中にある平易な事実的な言葉だけを使つて、政治——道徳的問題を論ずる訓練をして見るとよい。この時には、「国体」とか「皇道」とか「民主」とかは勿論「善」とか「悪」までが一応禁句となるのである。

土居光知と基礎日本語

そして、土居光知も『思想の科学』に寄稿する。一九四七年一〇月の「基礎日本語と小学校の教育」である。そこでは「基礎語は分析的にものを考える訓練に役立つとも思います」と述べ、「知識を与える言葉として基礎日本語を組み立てようと思いました」と戦前を回想している。そして、

基礎語とは定められた語の他は使用しないとゆうことを誇りとするのではなく、知識的な文章をかくために絶対必要な語をなるべく少く選択し、それらの語を基礎として——必要な時にはその他の語をも使用して——国民のなるべく多くの人に訴える文章を書き、また話をしようとゆう企てであります。

とまとめている。ここでは小学校の教育で基礎語と意識させずに自然と教え込むべきだといった議論もなされている。一見、戦前の『基礎日本語』とかわりない考え方のようにみえる。しかし、ここで隠されていることがある。一九三三年の『基礎日本語』では、考えるためのことばというよりも、あくまでも知識を伝えるためのことば、という側面が強調されている。『基礎日本語』は一九三三年当時にあっては、植民地の台湾、朝鮮、そして満洲国への普及が唱えられている。また一九四三年当時「大東亜共栄圏の共通語」としての「日本語」が唱えられていたときに発表した著作のなかで、これこそが「日本語の海外進出のために役立ち得るものならば、私の手からはなれ、公けの研究機関によつて、更に討究を加へられ完成せられなければならない」としていた(『日本語の姿』)。

こうしたことについて意図的にか、一九四七年の文章ではふれられていない。同じく『思想の科学』で一九六八年に「基礎日本語をめぐって」という土居へのインタビューが掲載された。そこでは、

アメリカでは私の本をミメオ・グラフ〔謄写版〕にして軍隊で日本語の教育にずい分使ったらしいのです。それから日本でも軍が戦争の時、現地の教育で使ったらしいです。

と、伝聞として語っている。これはあまりにも、他人事すぎはしないか。伝聞が許されるのなら、国語教育学者石黒修が一九六二年に、「満州国からの委嘱があったように聞いている土居光知さんの〝基礎日本語〟」(「日本語教育とわたし」)と述べていることを指摘せねばならない。「現地の教育」で使われることを願っていたのは誰だったのか。

帝国日本の勢力圏での普及を願っていたことを隠蔽《いんぺい》するのであれば、ついでにもう一点指摘しておきたい。一九三三年の『基礎日本語』には、単語表がついている。一九四七年の「基礎日本語と小学校の教育」にも似たような単語表がついている。両者を比較すると、前者にあって後者にないものに、たとえば「天皇・皇后・国際・聯盟」などがある。「天皇・皇后」が基礎日本語として必要なのかどうか、といった議論ができなかったのが戦前であるにしても、それならばなぜ一九四七年時点で削除したことを明記しないのであろうか(国際聯盟はなくなったのだから仕方ないとして)。鶴見俊輔的な論理でいうと、これらは「言葉のお守り的使用法」がなされていたから、なのだろうか。歯切れの悪さが残る。

「国語」の再構築に向けて

全体的にいえば、敗戦後の「国語」をめぐる議論は、「国語」の「伝統」よりも、「民主化」というその当時の流行の強調が軸になっていた。しかし、どのような議論がなされているにせよ、やはり確認しておきたいのは、国家制度を担うものとしての「国語」、あるいは「配電システム」としての「国語」がひきつづき機能している、という点である。

そうした「国語」の機能が必要とされたのだとすれば、その再構築はきわめて慎重に行なわれなければならなかった。『思想の科学』での議論をこのような文脈でとらえることも可能である。しかし、国家制度を担う「国語」という観点に『思想の科学』でさえも透徹な批判を加えることはなかったといってよい。

せめて、国語教育の再構築のために編集された雑誌、その名も『国語創造』（一九四六年一一月〜一九四九年一月、全一三冊）の創刊号の巻頭言にあるような、「清算」がされねばならなかった。

今我々が歴史的にも国際的にも真の民主々義国家へ発足すべき至上命令下にある時、今までの民族精神に片寄つた形而上学的《けいじじょう》国語論、ことだま精神に憑《つ》かれたトーテミズムを清算して、平明、確実、真に民衆の力となれる国語の創造をする事は、最も慎重に又最も急速にやらねばならぬ課題である。

（寒川道夫「明るい灯を」）

この雑誌には、左翼ローマ字運動事件で検挙された黒瀧雷助が（クロタキ・チカラ名で）

「国語創造講座」を四回にわたって掲載している。そのなかで、戦前から「ほんとうの民主主義のながれわ、僅《わず》かながら確実にあつた」し、それが敗戦後の「新らしい流れのミナモトの一つであつた」として齋藤秀一などの唯物論的言語論を位置づけ（「国語改良の努力」）、国民の国語運動連盟などの敗戦後の運動が「国民をうごかす運動となり、国民による運動となり速かに漢字をやめるにわ、はたらく人民をひろく解放するための仕事とむすび合うことが必要です」と、戦前からの、時代に流されることのない議論の、ぎりぎりの連続を主張していた（「国字問題の歴史」）。

むしろ、すでにふれた高倉テルなどをふくめて、忘れてはならないのはこちらのほうである。国語審議会での議論は基本的に戦前からの継続でしかない、といった観点が必要なのである。

国立国語研究所の設置

このような「国語民主化」の機運が高まるなか、文部省はこれに応じる研究所の設置の検討を始める。研究所設置に向けた議論がなされていた参議院文化委員会で森戸辰男文部大臣は「我が国が民主国家として、殊に文化国家として将来国を立てていきまする上においては、文化の基礎でありまする国語、国字が民主化され、又簡易化されるということは、民主主義の基本的な重要な案件でありまして」と、「民主化」と国語国字問題とを結びつけて論じている（第一回国会参議院文化委員会会議録第四号、一九四七年九月二三日）。

そうしたなかで定められた「国立国語研究所設置法案」（一九四八年一二月二〇日、法律第二五四号）では、

第一条　国語及び国民の言語生活に関する科学的調査研究を行い、あわせて国語の合理化の確実な基礎を築くために、国立国語研究所（以下研究所という。）を設置する。

と、「合理化の確実な基礎」のための研究という目的がかかげられている。「国語合理化」と「国語民主化」が同義語ではないことはいうまでもない。「皆にわかりやすくする」こと、すなわち「合理化」が「民主的」であると考えるむきもあれば、「民主的」というのであれば違う意見も尊重されるべきだというむきも当然ある。

そもそも「民主化」という意味がどのように受容されていたのかは、先にふれた保科の場合をみてもわかる。また「国民の言語生活」という言い方にも注意しなくてはならない。「国民の言語生活」を調査するのが、国立「国語」研究所である。つまり、「国民は国語を話す」ということがいかにも当然のこととして考えられているのである。

こうして、一九四九年二月に国立国語研究所が設置された（一九六八年から文化庁付属機関、二〇〇一年から独立行政法人）。そしていまでいうところの社会言語学的な研究（言語生活の記録、『日本方言地図』など）や統計的なデータの分析などの研究が進められていった。

揺り戻し

「国語民主化」の内実はともあれ、表記の簡易化・漢字の制限といった政策の流れは定着していった。戦前に官制公布された国語審議会は、一九四九年の文部省設置法に伴い官制が廃止され、国語審議会令という政令にもとづく審議会へと改組（第一期〜二二期）された。一番の大きな変化は、それまで同様に文部大臣の諮問機関（諮問に対して答申を行なう）であると同時に、調査審議して建議もできるという点にあった。したがって活発に建議がなされ、わずか数年で「法令の用語用字の改善について」（一九五〇）、「人名漢字について」（一九五一）、「これからの敬語」（一九五二）など十を超えた。しかし、こうした審議会主流に対する不満は、一九五二年にサンフランシスコ講和条約が発効し日本国が独立をすると、表面化することになる。

たとえばそれは、一九五三年に歴史的かなづかい擁護の小泉信三の議論をきっかけにして生じた、福田《ふくだ》恆存《つねあり》（擁護）、桑原《くわばら》武夫《たけお》・金田一京助（反対）たちの論争がある。

さらに、一九六一年に第五期国語審議会の委員五人が、委員に多数の表音表記派がいることが公正ではないなどとして（これは委員の任命が国語審議会委員等推薦協議会といぅ委員の互選で選ばれる組織によってなされていたことと連関する、とされた）、審議会の会議中に退席し審議会の改組を求める事件が起こった（武部良明「国語国字問題の由来」一九七七、丸谷才一編著『国語改革を批判する』一九九九などを参照）。

退席した委員のうち四人は、一九五九年に結成された國語問題協議會の理事でもあった。「國語は危機にある」といぅ一文で始まる協議会の「宣言」は、「便宜主義」から「國語の本質」を見誤った国語審議会の簡易化の方針に反対し「國字の簡易化はあくまで國語の正しさを守るためのものであり、その限度内にとゞまるべきもの」であり「國語、國字の本質に卽した調査、研究を行ふ」として機関誌『國語國字』の発行などの活動を行なっている。

こうした主張に、戦前からの連続をみることはたやすい。さらに「国語の正しさ」や「国語、国字の本質」は一体何かといぅ議論がないことを指摘するのも簡単である。しかしながら、同様の問いかけは「国語改革」を推進していった側にも、投げかけうる（この経緯についての表音表記派からの主張は松坂忠則『国語国字論争』一九六二などを参照）。

そして、第六期国語審議会の期間中の一九六二年に国語審議会令が改正され、諮問機関のみの機能となった。委員の選出についても、推薦協議会もなくなり、文部大臣が任命する形となった。以後、この体制がつづく。

断絶する側面

ここまで戦前との議論の連続性を強調する立場で書いてきたが、あきらかに戦前との断絶が認められる側面がある。それは、こうした議論がすべて内側を向いたものであり、かつてあったような国民国家のボーダーを越えて広がる事態を念頭に置いていない点である。

敗戦によって植民地などの「外部」が強制的に消去された、とみることができるが、これは「外部」の「形成」と「喪失」が一体いかなる原因でなされたのかについて深く顧みる契機を失ったということである。このことは、問題が実は継続していることも忘却し、「内部」だけを向いた議論が心おきなくできるようになったことを意味している。つまり、帝国の経験をきれいさっぱり忘れさったのである。

したがって、国家制度を担うものとしての「国語」という機能だけがそのまま継続して利用されていった。新生国民国家日本の構成の核に「国語」を据えること自体は問題にされず、誰はばかることなく無遠慮にそれぞれの主張を盛り込み、「国民」は等号で「日本民族」と結びつけられ、その「歴史」をあらわすものとして「国語」がとらえられつづけていったのである。

「国体」が結局は護持されたように、戦前から構築されてきた「国語」という体制、「配電システム」としての「国語」は、そこにこめられた「民族性」も「歴史」もそのままで、護持され現在にいたっている。とりわけ、「外部」を意識しないという点は、現在でも顕著である。

3　国語学の退場

国語学会の誕生

この時期の国語学を論じるにあたって、まずは学会組織が誕生したことを指摘せねばならない。

一九四〇年に結成された日本方言学会が発展的に解消するという形で、一九四四年に発足したのが国語学会であった。初代会長は橋本進吉である。戦時下の統制団体である日本文学報国会国文学部長でもあった橋本を会長に戴いた政治的配慮は指摘するまでもない。方言学者東条操は、学会設立の経緯を以下のように述べている。

上田先生の逝去後全国の国語研究者を糾合した団体の必要なこと、国語専門の学術雑誌を出すことの要望は有志の間に語られていたが、東大退官後橋本博士が、京城大学から東大に転任された時枝氏等と相談し全国朝野の主なる国語研究者を発起人とし、昭和十九年三月三十日に設立したのが国語学会である。

ところが、一九四五年一月の橋本の死去（会長代行に時枝誠記理事）、戦争の激化などで会誌の発行ができず、敗戦後の活動としては東京と京都での講演会・公開講座（計二四回）を開き、一九四八年一〇月に『国語学』第一輯の刊行にいたった（『最近の国語学と方言学』一九六〇）。

国語問題と国語学

学問が政治に関与することの是非をここでは問わない。しかし、すでにみたように政策機関である国語調査委員会の表記簡易化・言文一致といった方向性を決定づけたのは、近代国語学がもちこんだ理論であった。国語調査委員会の系譜を引く国語審議会が敗戦後の言語政策に実効的な影響力をもつようになると、皮肉なことではあるが、国語学が学問的にそこに関与する機会が減っていった。

もちろん、一九四七年に亀井孝が述べたように「国語学徒は、国語問題に対し、一定の世界観に立って、これを論ずることは、つゝしむべきだ」(「国語問題と国語学」)という反省がはたらいた、ということでもないだろう。

たとえば、一九〇二年の国語調査委員会の委員は委員長をふくめて一三名であり、名前をみれば、国語問題を論じるのに適したメンバーである。しかし、その後の委員会は、臨時委員もふくめて増加傾向にあり、一九四九年の改組後は各種部会での議論が中心となっていく。最後の国語審議会では四六名が参加している。

離れゆく国語学と国語問題

数字の単純な比較は意味がないかとも思うが、委員の多さが、議論がまとまりにくくなる一因となったのではないか。こうした大人数のなかで国語学者が主導権を握って議論を進めることは、まずなかった(自分の研究の時間を確保するのが先決なのは当然である。ちなみに先にふれた一九六二年に国語審議会を脱退した五名のなかに国語学者はいなかった)。

一九四八年に設置された国立国語研究所が国語施策のための基礎研究を行なっているとみることもできるだろう。しかしながら具体的な政策立案に関わるものではない。そこでの研究も現在は国語学というよりも、社会言語学などの研究が中心のようである。

また、人名用漢字の選定に関しては戸籍行政を担当する法務省が主導権を握るようになり（円満寺二郎『人名用漢字の戦後史』二〇〇五）、コンピュータにどのように漢字を乗せていくか、という文字コードの問題については通産省の仕事になった。ある意味では、個別具体的な問題に特化して、それを集中的に議論していくという方向性が、国語審議会のなかでも保たれにくくなっていったのではないだろうか。

したがって、二〇〇一年一月をもって廃止された国語審議会を引きついだ文化審議会国語分科会が中心になってまとめた『これからの時代に求められる国語力について』（二〇〇四）というような「国語」問題を抽象的な表現（「国語力」、さらには「愛国心」「伝統」など）でもって倫理的に論じる場となってしまった（敬意表現や「乱れ」、などもこの文脈で論じることができる）。

亀井の表現を借りれば、「国語問題に対し、一定の世界観に立って、これを論」じた、ということとなのである（もちろん委員すべてが「国語学徒」ではないのだが）。この国語分科会答申と、法制審議会人名漢字部会答申（二〇〇四）をとりあげ、「ついに、国語施策とそれを支えるはずの学知（国語学や日本語学、言語学）とが、直接的に連関を結ばなくなった」と論じる国語学者山東功は、なおそれでもこうした学知が国民国家形成と「国語」の問題から解放されたわけではない、といい「いっそう強固な「国語」のあり方が、「日本語」という名において喧伝されている」と述べる（『国語施策の展開と「日本型」社会』二〇〇五）。

こうした状況にどう学知が対応できるのか、という問いが投げかけられている。ただ、保科孝一などの例をみてきたように、国語学としては思想的に何らの「転向」も行なっていない。国家制度を支えるものとしての「国語」は敗戦を経ても安泰であったからその必要はなかったともいえる。しかし、政策に関与することがなくなった現在、それなりの総括があってもよいのではないだろうか。

4 日本語学の隆盛

文化戦としての国際交流

日本語学は、基本的に日本語教育と関係がある。その日本語教育は、戦前の日本語教育とも関係がある。組織的にそれを引きついでいる。すでにふれたが、戦前の日本語教育振興会を組織的に引きついだのが財団法人言語文化研究所であった。その理事長に就任したのが、長沼直兄《ながぬまなおえ》（一八九四〜一九七二）である。長沼は戦前から外国人に対する日本語教育に従事し、アメリカ大使館でも日本語を教えていた。

一九三〇年代は、「文化」が外交戦略として利用された。満洲国不承認を契機として国際連盟から日本が脱退し国際的に孤立した結果、独自の外交戦略を模索せざるを得なくなる。そこで登場するのが「国際交流」という手法である。

一九三四年に創設された国際文化振興会（国際交流基金の前身）が代表的な事例である（芝崎厚士『近代日本と国際文化交流』一九九九）。また、「文化」を軸にした「文化戦」という概念も登場し、具体的に「対支文化事業」といった政策や国際学友会を中心とした留学生招聘事業などが推進され、そこに日本語教育の存在意義の一端があった。

敗戦後は「国語」の問題がそれなりに注目を浴び、新生国民国家日本を制度的に支えるものとして「国語」があらためて機能し種々の議論がなされた。一方、「大東亜共栄圏」や国際交流としての日本語教育の経験があった日本語学は、新たな外国人に対する日本語教育という使命を負うことになる。占領軍である。

ここで、戦前の「国際交流」の経験がいきることになる。占領軍からの要請で日本語教育を行なったり、教科書を作成したといった回顧が長沼によってなされている。その一方で、日本語教育振興会の企画は、「今やっても悪くないと思うものがずらっと並んでいます」とも評価している（言語文化研究所『長沼直兄と日本語教育』一九八一）。

つまり、国語学が思想的に連続したのと対比させれば、技術としての日本語学は技術としての連続性を強調することで敗戦をのりこえようとしたのである。

国際交流と日本語教育学会

日本語教育学会が発足したのは一九六二年である。そのメンバーは戦前の日本語教育経験者が中心となったものであった。学会の名称が当初は「外国人のための日本語教育学会」であったことが示すように、あくまでも国語学とは一線を画した存在であったことを、ここで確認しておきたい。そして、日本の経済成長に伴い、日本語学習者が増加するようになると、「国際交流」という国策のなかで、日本語教育はさまざまな需要を喚起し、現在にいたっている。

近年の日本語教育学会では、戦前の日本語教育との連続性が積極的に指摘されているようである。日本語教育史と呼ばれる分野なのだが、素人からみれば、人的連続性があるのだから当然である。むしろ、こうしたことすら問おうとしてこなかったところに大きな問題がある。たしかに、教授法や分析概念での連続性はあり、組織としての連続性も指摘できるだろう。しかし、技術だけが継承されたわけではないはずだ。日本語教育を行なうことの意味を問い直す必要はなくなっていない。日本思想史研究者中村春作の表現を借りれば、

〔……〕近年陸続として公刊され大きな問題提起を行ってきた、(狭義の)国語学、日本語教育学の外部からなされた発言が、「問題枠組み」それ自体として、国語教育や日本語教育の現場や専門的研究者に共有されてこなかったように思われてならないのだ。過去の問題として歴史を省みることの重要性としてのみ認知され(「過去の歴史も反省しながらこれからの国際化時代を開きましょう」的話題として)、それらが真に議論しようとした課題、すなわち、今の私たちを内側から、また制度として外側から規定する、「近代の知」そのものに内包される課題への「問い直し」としては、十分に認知されてこなかったのではないかということである。

(「日本語教育と国語教育」二〇〇五)

ということになる。本書も、「外部からなされた発言」であるので、「過去の歴史も反省しながらこれからの国際化時代を開きましょう」という反応で終わってしまうであろう。

しかし、歴史学とは単に資料を集める学問ではなく、歴史認識の学問であるのだから、日本語教育史を称するのであれば、中村の問いには正面から答える必要があることは強調しておきたい。

第5章　「国語」の傷跡——大韓民国の場合

1　「国語」で思考すること

継承される「配電システム」

比較文学研究者南富鎮《ナム・ブジン》は、植民地朝鮮において日本語で作品を発表した作家の具体的な作品分析を行ない、以下のようなことを論じている。

つまり、植民地時代初期は、日本に留学した書き手たちが、日本語の言文一致体をひとつの鏡として近代的な朝鮮語の文体をつくりだしていった。その後、若い世代が登場してくると、かれらは、

〔……〕以前のような日本語で書く自己目的や思想、あるいは切実な理由などをもたない。日本語の表現がすでに当たり前になっていたのである。こうした植民地の言語状況によって朝鮮人による日本語表現の氾濫《はんらん》時代が到来する。それは必ずしも思想性や政治性の問題ではないのである。

（『文学の植民地主義』二〇〇六）

と述べている。すでに南の論説をとりあげたが、そこでは植民地主義が被植民地側の「大衆的欲望」によってつくりあげられたと指摘していた。さらに南は「こうした大衆的な欲望に潜む内面心理によって植民地主義は一層強化され、さらには植民地支配が終わった戦後世界に継続していくのである」と論じていく。

そうであるからこそ、植民地から解放された新たな国家建設に際して、日本語の語彙などの排除がなされていく。しかし、これが決して成功していないことは、くりかえし日本語語彙の浄化がうたわれていることからもうかがえる。いったん入り込んだ語彙の排除の困難さを示している。

しかし、本章で論じたいのは、韓国語のなかに入り込んだ「ウドン・オデン・トンカス・ツキダシ」などといった日本語語彙ではない。むしろ、日本の植民地支配によって刻印された「国語」という考え方が、その内実をかえただけで、新たな国家の「配電システム」として継承されていったという、やや気づきにくい点である。

制度を担う具体的な言語だけがとってかわり、制度のあり方は継承されたのである。つまり、近代日本が国民統合のために利用してきた「国語」という概念が、「国語」のフリガナだけをかえて、植民地支配を行なった地域に残留したのである。

とすれば、日本の「国語」の問題を考えることは、東アジア諸地域の「国語」の問題を考えることにもつながる。

ベネディクト・アンダーソンの「配電システム」についてはすでに若干ふれたが、

〔……〕革命に成功した指導者はまた、旧国家の配線――ときには、役人、情報提供者をふくめて、しかし、常に、ファイル、関係書類、公文書、法律、財務記録、人口統計、地図、条約、通信、覚書その他――を相続する。まえの所有者が逃げだしてしまった大邸宅の複雑な配電システムのように、国家は、新しい所有者がスイッチを入れ、ふたたびあのまえとかわらぬ輝かしい自己をとりもどすことを望んでいるのだ。

（『増補　想像の共同体』）

というものである。アンダーソンは相続という比喩で植民地解放をとらえ、「配電システム」を設定している。この「配電システム」の比喩で言語の問題を中心的にとりあげているのではないが、ここであげられている例は書きことばによって担われる制度であることを再度確認しておきたい。

対抗的「配電システム」

一般的な脱植民地化の事例をみると、宗主国の言語をそのまま新しい独立国の公用語に採用することが少なくない。一方でその地域の有力言語が新たな「国語」として機能し始める事例もある。後者の場合、支配的な「配電システム」が植民地へ移植された際に、そのシステムからの影響のもとで対抗的な「配電システム」が形成されたのだ、ともいえる。

標準語論や方言調査法、辞書編纂論、あるいは教科書編纂法などはシステムである点で「国語」の近代化のモデルとして、個別の言語を超えて共有される度合いが高い。しかしながら、こうした「配電システム」に流す「電流」の部分には、「民族性」や「文化」などといった、技術論では対処しきれない部分がなくてはならない。

植民地朝鮮における「国語」という「配電システム」に伴うのは、上田万年の主張のように近代日本で範型として形成された「言語－民族－文化」という概念の相互規定関係であった。つまり、日本語は日本人が話すものであり、日本人とは日本語を話すものであり、日本文化は日本語に担われるものであり、などなどというように、それぞれがそれぞれを規定しあう、いいかえれば堂々めぐりの関係である。

これが植民地社会にも適用された。むろん、起源としては植民地化以前にこうした相互規定関係が日本の媒介なしに存在していた。たとえば一九世紀末から二〇世紀初頭にかけて朝鮮語を国語と称して、国の歴史とともに論じ、その近代的研究を始めた周時経は、ある国に特徴ある言葉と文字があることは、その国がこの世界で自然の摂理として独立国となることを意味し、その言葉とその文字を用いる人々が、その国に属し一つの集団になることを意味する。

（『国語と国文の必要』一九〇七〔朝鮮語〕）

などと述べている。

こうした流れとはまた別に植民地期を通じて日本から「国語」とともに入り込んだ思想もある。つまりは、「配電システム」としての「国語」をモデルとして、「朝鮮語」がつくりあげられていったとみることもできるのである。

「民性」を育てる「朝鮮語」

一九二八年に、ある普通学校（初等教育学校）の朝鮮人教師は、普通学校での「国語《こくご》」・「朝鮮語」の教科について、「国語を通じては国民性を涵養《かんよう》し朝鮮語を通じては十三道〔道は行政単位〕の民性の涵養に努むべき」ものなのでともに重視されねばならないと主張する。つまり、「国語」を通じて「国民性」が涵養されるのと同様な役割を「朝鮮語」に求めているのである（「国民性」を使えなかったので「民性」を使ったのであろう）。その一方で、「朝鮮に於ける国語教育の現状を観ずる時、私は内地に於ける国語教育そのまゝを朝鮮内に移入したやうな観がして止まない」と、植民地教育への批判を行なう（崔璋烈《チェ・チャンヨル》「普通学校に於ける国語教育と朝鮮語教育の使命」）。

あるいは、朝鮮における日本人（とりわけ警察官）の朝鮮語学習のための『月刊雑誌朝鮮語』や『朝鮮文朝鮮語講義録』などを刊行していた朝鮮語研究会の会長李完應《イ・ワヌン》も、朝鮮人児童生徒のための朝鮮語教育が学務当局からおざなりの扱いであることを慨嘆し、「学政当局者は今少しく真に朝鮮を思ひ朝鮮人の将来を思うて、朝鮮語の統一を図り健全なる発達を遂げしむるに努められんことを望む」（「朝鮮の学政当局はなぜ朝鮮語を度外視するか」一九二七）としている。

「国語」と同等の条件を「朝鮮語」にも与えよという主張である。三・一独立運動後に総督府が唱えた「内鮮融和」というスローガンに呼応する李完應などの側からも、「朝鮮語」の構築を要請する声が出てきたのである。

朝鮮語学会事件

「国語《こくご》」という「配電システム」を複製し、「朝鮮語」という「配電システム」を再生産しようとする動きは、植民地支配を行なう側からすれば忌避すべきものであった。李完應の論は、総督府の力に頼って「朝鮮語」を構築せよというものであるので、総督府側からすれば無視をきめこめばとりあえずはしのげる。

しかしながら、総督府の力に頼らずに行なおうという議論が高まると、何らかの対策をとらねばならなくなる。いうまでもなく、「朝鮮語」という「配電システム」を軸とすれば、独立が可能となるからである。

実際に、朝鮮語学会事件というものがあった。この学会は一九一四年に死去した周時経の遺志を継ぎ二一年に朝鮮語研究会を発足、三一年に朝鮮語学会となる（先の李完應を会長とする朝鮮語研究会が発足し、それとの区別をするためでもある）。この学会は一九三〇年代を中心に辞書の編纂、方言調査、標準語査定、正書法制定、文字普及運動などを行なっている。これを「朝鮮語」という「配電システム」の整備とみることもできる。

朝鮮語学会の主要会員三三人が一九四二年から一九四三年にかけて、治安維持法違反として検挙されたのが、朝鮮語学会事件である。学会の学術活動を総督府は独立準備とみなしたのである。そのことは、一九四三年の予審終結決定文において、朝鮮語学会を「表面文化運動ノ仮面ノ下ニ朝鮮独立ノ為ノ実力養成団体」と表現していることからも明白である。

ここで指摘したいのは、「配電システム」としての「朝鮮語」をつくるための種々の装置は、「国語《こくご》」をつくるために用いられたものと似ている点である。たとえば、朝鮮語学会機関誌『ハングル』は読者に朝鮮各地の方言採集を求めていった。その際に使用を推奨した朝鮮語学会の中心的人物でもある崔鉉培《チェ・ヒョンベ》（一八九四～一九七〇）の『方言採集手帖』（一九三六）は、日本の方言学者東条操の『簡約方言手帖』（郷土出版社、一九三一）に若干手を加えたものであった（高永根《コ・ヨングン》『崔鉉培の学問と思想』一九九五〔朝鮮語〕）。方言採集という技術は簡単に複製される。もちろんそれは「国語」の場合も同様であり、保科孝一がつくった『方言採集簿』（一九〇四）は、ドイツ人言語学者G・ガーベレンツの ***Handbuch zur Aufnahme fremder Sprachen*** を参照している。

また京城帝国大学法文学部朝鮮語学朝鮮文学科を一九三〇年に卒業し、朝鮮語学会でも活躍した李熙昇《イ・ヒスン》（朝鮮語学会事件で検挙。小倉進平の教えをうけた）は、一九三二年に『朝鮮語文学会報』に「標準語について」という論文を寄稿している。その内容は、一九〇〇年代前後に展開された日本における標準語論の一部を下敷きにしているかのようになっている。たとえば、「標準語」とは「人為的に制定したことばであり、〔……〕標準語制定の基礎はかならず実在する言語のうえに置かねばならない」とし、「まず各地方の多種多様な方言を統制する中心的勢力の言語、すなわち標準語を制定する必要がある」と主張する。そして

「もしもわれわれが、統一された言語、すなわち標準語なしに国民教育を行なおうとすれば、どれほど困難なことか」と述べ、「教育上からみた標準語の価値」を強調する。

さらに標準語制定上の条件を地理的（政治的中心・交通の中心・文化的中心）・時代的・階級的標準であることに求めている（「標準語について」〈朝鮮語〉）。また、『ハングル』の標準語特集に寄稿した論文でもほぼ同様の議論を展開し、そこではさらに「標準語」には「品位」があり、「よい語感」があるものを選択し、「美的満足」を与えるものでなくてはならないとしている（「標準語のはなし」一九三七〈朝鮮語〉）。

こうした点は、上田万年「標準語に就きて」（一八九五）で展開されている、「標準語」を実際に用いられる言語から磨きあげ、「方言」から「正しく超絶」させ、教育制度のなかで通用させ、「真善美の諸徳」を盛り込むべきだ、といった議論を思い起こさせる。むろん、上田のこの論自体はヘルマン・パウル『言語史原理』（一八八〇）の議論にもとづいているのでこの論の特殊性をいいたてる必要はない。むしろ、普遍的な議論であるからこそ、日本経由の可能性に留意したい。

国語愛とは

周時経の教えをうけた崔鉉培は、一九一九年に広島高等師範学校を卒業し京都帝国大学で学んでいる。この留学で学んだ国語学者山田孝雄の文法体系を基礎に朝鮮語文法体系を構築し、そして山田が説いた「国語」への愛をそのまま「朝鮮語」への愛へとよみかえていったことについても、すでに指摘がある（高永根『崔鉉培の学問と思想』、熊谷明泰「朝鮮語ナショナリズムと日本語」一九九七）。「配電システム」とは一見関係のないような国語愛が複製できるのかと思うだろうが、むしろ、複製できることこそが、国家と関係することばへの「愛」の本質を示している。

もちろん、これだけで「配電システム」の再生産という議論ができるわけではなく、日本からの影響を強調する必要もないのだが、「配電システム」のモデルとして日本の事例があったことは否定できない。そうしたなかで、「朝鮮語」という「配電システム」は意識的にせよ無意識的にせよ、準備されたのである。

2　新たな「国語」の構築

「国語」の精神性

こうした「配電システム」を学問として準備していくなかに、京城帝国大学を卒業した朝鮮人研究者たちもおり、一九四五年以降の実体化に関わっていった。

たとえば、京城帝国大学法文学部朝鮮語学朝鮮文学科を卒業し、解放後にはソウル大学の教授となった国文学者（朝鮮文学）趙潤濟《チヨウ・ユンジエ》が、一九四七年の『国語教育の当面する問題』（朝鮮語）でくりかえし主張する「国語の精神性」という議論は象徴的である。

これは言語ナショナリズムという側面から考えれば普遍的な議論である。そして植民地化以前にも同様の議論があったことをも考慮に入れなければならないが、日本の国語学が主張していた論理をそのまま国語としての朝鮮語にあてはめた議論である。

この書籍の「序」は「国語はすなわちわれわれの生命である」という一文から始まり、本文でも以下の主張が展開される（国語は朝鮮語を指す）。


事実国語は、多言を要さず、古来朝鮮の伝統、朝鮮の精神が結晶して今日に至ったものである。〔……〕したがってわれわれの伝統、われわれの精神は、別の場所を探る必要はなく、まさに国語にこそあるのだ。〔……〕朝鮮の伝統と精神がとりわけ国語にだけあるのかといえば、歴史にもあり、地理にもあり、また他の学科にもなければならないのだが、特に国語をとりあげるのは、国語でもっともそれが認識できるからなのである。

また、趙は一九四九年に『国文学史』（朝鮮語）を刊行し、「国文学」の歴史を描きだしている。その序文では「光り輝く大韓民国政府樹立〔一九四八年八月一五日〕と同時にこの国文学史を世上に公刊する」と誇らかに記述しており、大韓民国とともにあろうとする「国文学」という意図が明確に示されている。

一方、李煕昇は、一九四五年以前に発表していた朝鮮語で書いた標準語論や文字論などの論考を『朝鮮語学論攷《ろんこう》』として一九四七年にまとめている。その際に、一九三九年に「朝鮮語学の方法論序説」として発表した論文は「国語学の方法論序説」と改題されている（ただし、本文中は「朝鮮語学」のまま）。

このように、「国語《こくご》」という「配電システム」を念頭において「朝鮮語」にそれを適用した論考を、新たな国家の「国学」としての国語学のために再利用したのである。技術的な「配電システム」の継承といえるだろう。そして『朝鮮語学論攷』を一九五九年に再度出版するに際して『国語学論攷』と名称を変更している。

「国語」とはなにか——李煕昇の場合

朝鮮語学会事件で獄中にあった李煕昇は、一九四五年に獄中生活からも解放され、研究・教育・語文運動にと活躍していく。そのなかで、一九四六年二月からソウル新聞社での刊行が始まった朝鮮語雑誌『新天地』に「国語講座」という連載（不定期）をした。これをみていきたい。その第一回は「言語と民族」と題した短いものであるが、

李熙昇　京城帝国大学在学のころ

ひとつの民族は、血統を同じくし、共通の歴史をもち、風俗習慣が同じであり、生活感情が類似するといういくつかの要件を備えねばならないが、そのなかでも同一の言語をもったということが何よりも顕著な特徴である。〔……〕

固有の言語は、その言語をもっている民族を内部で団結させるだけではなく、ほかの民族と区別する重要な標識となる。したがって、ある民族はそれがもっている言語と運命をともにすることになる。

というように、「言語」と「民族」そして「文化」との不可分な関係を強調している。植民地支配下ではこうした論調を前面に押し出してはいなかった李であるが、新たな国家の樹立へ向けた動きのなかで「国語」の果たす役割の重要性を主張したのである。

そして連載第二回（「「国語」とはなにか」）では「国語」の定義を行なった。内容をまとめ

ると以下の通り。

一、国語は言語である。
（1）言語は人間だけがもっている。
（2）言語の内面には思想が包含される。
（3）言語の形式は音声である。
（4）言語の社会性
（5）言語の歴史性
二、国語は一種の具体的言語である。
三、国語は国家を背景とする。
四、国語は標準語でなければならない。

「国語とは何ぞや」との類似

これは一九四一年の山田孝雄「国語とは何ぞや」の内容と類似している。そもそも、題名自体がそれをにおわせている。少し面倒ではあるが、具体的にみていく。

李は、「一、国語は言語である」で、「国語が何かを知ろうとすれば、まず言語の一般性質を考えてみる必要があります。各種言語はおのおのその言語の特殊性をもっていますが、それと同時に各種言語に共通する一般性ももっています」と説明を加え、右記五点を列挙する。

一方の山田は「国語には一般の言語としての通有性と国語としての限定性とが具備せられてある」とする（「国語とは何ぞや」）。李の「一般性」と「特殊性」は、山田の「通有性」と「限定性」にそれぞれ対応する。そして山田は、以下のように述べる。

> 言語そのものの通有性は今一々説く遑《いとま》を持たぬが、その要を摘んでいへば、先づ言語といふものは人間に特有なもの①だといふこと、次に言語の内面には人間の思想が充《み》たされてゐるもの②だといふことを考ふべきである。〔……〕言語に客観性があるといふ事は言語は他人の一定の理解を得なければ、言語としての資格が無いといふ意味にもなる。
> 〔……〕
> この言語の客観性といふことは言語が一面社会的産物である④といふことに基づくものである。〔……〕かやうにして語の形態なり意義なりが、いつしかかはり、又新たな語も往々生じるのである。これは一口にしていへば歴史の結果といふべき事である。この点を見て私は言語には歴史性がある⑤といふのであるが、言語の客観性といふうちにも社会性歴史性といふものが主たる要素をなすものである。

（「国語とは何ぞや」 マル数字は、李煕昇のカッコの数字に対応させて引用者がふった）

つまり、

山田孝雄（一九四一年）

①言語といふものは人間に特有
②言語の内面には人間の思想が充たされてゐる
④言語が一面社会的産物である
⑤言語には歴史性がある

李煕昇（一九四六年）

（1）言語は人間だけがもっている。
（2）言語の内面には思想が包含される。
（3）言語の形式は音声である。
（4）言語の社会性
（5）言語の歴史性

このように（3）以外は対応する。山田自身は音声を重視する西欧言語学を敬遠していたので、山田の定義はあえてそれを落としているとみるべきだろう。

また、李の「三、国語は国家を背景とする」は、山田の「国語といふ名称はその国家の領土に行はれ、その国民のすべてが使用する言語を指して名づけたもの」と同じことである。

李の「四、国語は標準語でなければならない」は、山田の「国語は大和民族の間に発達して大日本帝国の国民の通用語となつてゐるものであつて、之を簡単にいへば、大日本帝国の標準語である。ここに標準語といふのは国家の統治上公式の語とし教育上の標準と立て用ゐられてある語の意である」を前提にしたものである。

また、「二、国語は一種の具体的言語である」の説明として、

〔……〕わが国の国語はわが朝鮮民族がもっており、朝鮮民族だけがもっているのです。そして国語もその内面に思想をかかえもつのはまちがいのないことであり、各民族の思想に特徴があるので、その国語もまたおのおの自己の思想にあった特徴をもっています。そのため、どの民族の言語を研究してみても民族性を十分にくみとることができるのもこのためです。

（「「国語」とはなにか」）

とある点は、山田の、

〔……〕国語は国家の精神の宿つてゐる所であり、又国民の精神的文化的の共同的遺産の宝庫であると共に、過去の伝統を現在と将来とに伝へる唯一の機関である。

（「国語とは何ぞや」）

という部分の翻案であろう。

このように、新たな国民国家として出発しようとしたときに、その「国語」の定義を、植民地支配を行なった側の学者の定義をほぼ丸写しして示したのである。

刻印される言語ナショナリズム

なお、李は一九五五年に『国語学概説』（民衆書館）を刊行するが、その「序説」の過半は、一九三九年の「朝鮮語学の方法論序説」と一九四六年の「「国語」とはなにか」を軸に構成されている。この『国語学概説』が以後の韓国の「国語学概論書」のモデルとなったという評価もあり（チェ・ギョンボン『われわれの言葉の誕生』二〇〇五）、「配電システム」の流用をここにみるのは間違いではないだろう。

李熙昇『国語学概説』
1955年刊行のこの本が以後、韓国の「国語学概論書」のモデルになったという評価もある

そしてまた、先にふれたが、崔鉉培の「国語愛」が山田孝雄のそれをモデルとしたものであり、「国語」の概念を継承したのが李熙昇であるとすると、この両者が韓国の国語学界の両雄として、学閥とし

ても位置づけられていることは、やはり指摘しておかねばならない。

なにも、引用元を示さずに山田の定義を流用したことが問題だ、といいたいわけではない（そもそも現行の日本の著作権法によればこの程度では問題にならない）。杓子定規なことを強調したいのではなく、「国語《こくご》」が植民地社会に残したものは、単に語彙だけではなく、言語と規範、そしてナショナリズムなどに関する思考枠組をも刻印した、ということである。そして、言語ナショナリズムは、それぞれに固有のものとして批判を許さない絶対的な正当性・正統性を、こうした起源を隠蔽することで成立している、ということなのである。

終章　回帰する「国語」

国語学と「国語」の問題

一九九〇年代後半から活発化する批判的国民国家論のなかで、「ひとつの日本語」が近代の産物であるといった議論もなされるようになった。それまでは、国語学が「国語」について論じることはほとんどなかった。

ほとんどなかったとはいっても、先駆的には亀井孝他編『新しい国語への歩み』が一九六五年に刊行され、近代の「国語」がまったく新たな概念として登場してきたことが指摘された。そのエッセンスが、かめいたかし「「こくご」とは いかなる ことば なりや」（一九七〇）にあらわれている。

しかしながら、それ以降、より広い視野で論じた田中克彦の『言語の思想』（一九七五）や『ことばと国家』（一九八一）などの一連の業績を除くと、とりわけ国語学の内部でこうした動きはみられず、亀井の問題提起に十分にこたえてこなかった。それは、皮肉めくが「国語」を論じることの政治性に自覚的であったからともいえる。一方で、先学を批判することへの躊躇といったものもあっただろう。かめいの右の論文の副題は、「ささやかなる つゆばらいの こころを こめて」とあったのだが、「つゆばらい」だけがなされたまま、あとが続かないという状況であった。

ところが、一九九〇年代に、近代日本が植民地支配や帝国支配に際して行なった言語政策への着目が歴史学や教育学などでもなされ、近代国民国家と不可分な「国語」や「日本語」の機能やその排他性を指摘する研究もなされてきた。そうしたなか、国語学でもこうした研究のもつ意味も理解されつつあるように思われる。

私は、ほんの少しだけ国語学を勉強しただけなので「内部」とはとてもいえないのだが、本書は一九九七年から約十年にわたって書き続けてきた著作の一部分をまとめるなかで成立したものである。

現在の問題

ところが、である。こうした「国語」「日本語」を相対化するよりも、むしろ絶対的なものとして批判を許さない勢力が強くなってきていると感じることが多い。「国語再建」といった特集が雑誌で組まれることもある。その内容は、制度としての「国語」をそれこそ、建て直すという文脈で組まれているのである。

それは、創造された存在として国民国家やその「歴史」をとらえる研究が流行すると、その論理をまったくそのまま利用して、新たな国民国家やその「歴史」を「主体的」に創造していくべきだ、といった議論がなされたことと似ている。

たとえば、文化審議会国語分科会答申『これからの時代に求められる国語力について』

（二〇〇四年二月）のなかでの「国語」の位置づけは以下のようなものである。

国語は、長い歴史の中で形成されてきた国の文化の基盤を成すものであり、また、文化そのものでもある。国語の中の一つ一つの言葉には、それを用いてきた我々の先人の悲しみ、痛み、喜びなどの情感や感動が集積されている。我々の先人たちが築き上げてきた伝統的な文化を理解・継承し、新しい文化を創造・発展させるためにも国語は欠くことのできないものである。

また、国語は、学校教育のあらゆる教科や様々な学問の基盤であり、自然科学の分野においても、その重要性は全く変わるものではない。

仰々しいが、「国語」はその国の歴史・文化を体現するという大前提がここにはある。すでに何度かふれたが、この文化審議会国語分科会は、国語審議会を引きついだものである。かなづかいや漢字制限などといった具体的な施策を示してきた国語審議会とは異なり、施策の方向をやや精神主義的に示すようになっている。右の文言《もんごん》をみると一九四五年一〇月四日『朝日新聞』「社説」が批判していたような「偏狭固陋な国語万能論」と同じではないか、という危惧を抱くのである。

その意味では、国家制度を担うものとしての「国語」という基本的な役割を確認しつつ、歴史的に書かれ話されてきたものとしての「国語」という側面が強調されているといえよう。「国語」はいまでも国民の言語であり国家の言語でありつづけている。「国語」の「伝統」を強調し、統合原理としての「国語」が強化されていることは明白である。右の文言にある「我々の先人」のなかに、日本語で作品を書き続けた植民地出身の作家や、日本語を「国語」として学習させせられた人たちはふくまれているのだろうか。おそらくそうではあるまい。

あるいは、こうした論調は、外国出身者の人口比率が高まることによる日本社会の多言語化現象が顕著になっていることに対する反動とみることもできる。

また、小学校から英語を教科目にするという流れに対する危惧からか、国語教育を見直せといった議論も盛んである。「国語」と国家とを直結させて論じ、「国語」によって「日本人らしさ」が育成されるのだから国語教育の強化が必要である、という議論である。

そしてこれは、「日本人」という「血」を前提として、「日本語」に、より習熟していく（具体的には古典を音読せよ、ということなのだろう）ことで、「祖国」を感じ、「日本人らしさ」を体得していくのだ、という論理である。

それ自体がもつ問題は、ここまでの叙述のなかで指摘してきたつもりである（たとえば、国語教育をうける生徒が必ずしも国家が認める「日本人」像とは合致しない場合が増えていることなど)。

英語よりも国語という論調

また、英語教育が必要とされるのは一部エリートであって、それ以外は英語にすら接する必要はない、といった主張もなされている。

歴史をふりかえれば、一九二七年に英語教育廃止論が唱えられている。同年五月号の雑誌『現代』に当時の東京帝国大学国文学教授藤村作《つくる》(一八七五~一九五三)が「英語科処分の急務」という論文を掲載し、英語教育論争が起こった。藤村はそのなかで、英語教育を一律に課すのは生徒にとって負担が大きいので、英語教育はエリートだけに施すべきであり、西欧の知識の吸収には「大翻訳局」(英語に限らない)を設置して日本語に翻訳すれば事足りるのだとしている。特定のエリートだけに英語教育を施し、情報も一方向でしか吸収させないということである。

こうした藤村の主張と似通った主張がいま現在もなされている。一見、グローバリズムに対抗する勢力として「国語」の再興を、などといっているようではあるのだが、結局は、エリート重用主義でしかなく、求めるところは同じである。

「国語」がどういった経緯でつくりあげられ、どのような役割を果たしてきたのかを批判的にふまえなければならないのである。

音読と愛国心と

こうした議論が力をもつような社会とは、一体どういう社会なのだろうか。

二〇〇〇年代に入って音読ブームが起こった。一九九八年の『小学校学習指導要領　国語』に「易しい文語調の文章を音読し、文語の調子に親しむこと」と記載されていることを承《う》けたかのような、教育現場から社会全体にと広がったブームであった。ここで注意したいのは、「声に出して読む」のは書きことばである点である。近代の「国語」が埋めようとしてきた書きことばと話しことばのあいだにある溝を、音読の強調は広げることになるのではないか。もう少しいえば、かつての書きことばがもっていた特権性への回帰がそこでは目指されているのではないだろうか。

しかし、誰でもが社会的に特権的な位置につけるわけではない。そうした分裂に気づかれては困る。それゆえ、この指導要領では教材に関して「日本人としての自覚をもって国を愛し、国家、社会の発展を願う態度を育てるのに役立つこと」がかかげられるのである。

国語教材で、こんなことができるのだろうか。国語教育がなぜ、国家愛・国家の発展を願うことと結びつかねばならないのか。答えは簡単。国家や社会のあり方に批判的な国民を育てはならないからである。

ことばは誰のものか

しかし、ことばとは一体誰のものなのだろうか。英語の脅威に対抗するために、そして疑いももたずに国を愛するために「国語」を重視せよなどと一方的にいわれて、唯々諾々と従うためにあるのだろうか?

ことばとは、そもそも「わたし」のものではないのか。

たとえば、「国語」を相対化していく諸研究をまとめた川口良・角田史幸『日本語はだれのものか』(二〇〇五)という書籍がある。そうしたものであっても「日本語は日本人だけのものではなく、そこを訪れるだれのものでもある」という結論を導いている。これでは「日本人のもの」を前提とした論である。つまり、誰のものでもあるが、結局は誰かのもの(ここでは「日本人」を中心としたもの)だ、というかつての「日本語」のあり方をいいかえたものにすぎない。

こうした点に関して、透徹した批判がなされない限り、右でみた、「国語力」だの、「声に出して読みたい日本語」だの、「文語」だのといった威勢のよいことばは消えることはない。

これまでは、ことばは「民族」なり、「国家」なりとの結合が当然のこととされすぎてはいなかっただろうか。そうであるからこそ、まずは「わたし」のものとして考える、という視点をもってみたいのである。

ともかく「日本人らしさ」に始まり、「民族」や「伝統」そして「国家」というようなものに回収されないものとして、みずからのことばを確立していくことが、とりあえずは必要だと思うのである。

国語学の問題

現在の国民統合のあり方（国民統合のいいかえである「公共」論もふくめる）に現在の国語学が組織的に関与しているわけではない。それはそれで立派なことである。

ただ、「国語」の近代史を追っていくなかでわかることは、ことばが民族のもの、国家のものとされてきたのが、近代以降の議論であり、こうした言説の構築に国語学が寄与してきた、ということである。そうした点についての総括なしに、学会の名称が「国語学会」から「日本語学会」へとかわったのは、二〇〇四年一月のことであった。

会員の投票によるものであるから、文句をいう立場にはないのだが、本書でみたように「日本語」も、それなりの歴史をもっているわけである。「国語」という名称を止めたところで、何も変わらない。

学問は学問の世界に閉じこもる必要はない。といって、テレビに出演してことばの規範を強化するためのご託を並べる必要もない。ただ、世情に対しての批判力をもちつづけることが、学問が学問であるための基盤であると、少なくとも私は考えている。

あとがき

「日本人は日本語を話す」

一見どうということのない文である。しかし、本書を通読された方であれば、これが奇妙な文であることにお気づきになるだろう。

日本人を日本国籍保持者とした場合、歴史的にみて必ずしも日本語を本来的に話す人ばかりではなかった。これはいまでもそうである。

それでは、日本人とは日本民族のことだとするとどうだろうか。たしかに、アイヌ民族や朝鮮民族などは本来日本語を話すわけではない。しかしながら、今度は民族という概念の曖昧さが問題になってくる。民族とは血統だけで決定されるのではなく、民族意識という、いろいろな意味で操作されやすいものと密接に絡んでいる。

このことは、たとえば映画『ホテル・ルワンダ』（二〇〇四）でも描かれたように、アフリカ・ルワンダでのフツ族とツチ族という客観的に民族の違いを示すことが難しい人々が「民族意識」を煽《あお》り立てられて双方で犠牲者八〇万人ともいわれる大虐殺に走ってしまった一九九四年のたった三ヵ月の事例を思い起こせば十分だろう。

フッ族とツチ族の場合は極端な例かもしれない。そしてまたここにヨーロッパ的概念としての民族をもちこむのはいかがなものかとは思うのだが、スターリンの民族の定義（言語、地域、経済生活、および文化の共通性のうちにあらわれる心理状態、の共通性を基礎として生じたところの、歴史的に構成された、人々の堅固な共同体）をもちだすまでもなく、ある民族を決定する場合に言語がそのひとつの条件とされていることは確認しておきたい（フッ族とツチ族は言語も同一だという）。

また逆に言語を定義するときに民族という要素が用いられる。言語と民族はこうしたお互いに定義しあう、堂々めぐりの関係にある。となると、一般的に言語と民族は不可分であるといわれるが、本当にそうなのかよく考える必要があるだろう。

日本語とて多様で、統一した枠組でくれるものでもないのに、終章で少しふれたように、「国語」に過度の伝統や文化（民族性）が盛りこまれてきている現在、いま一度立ちどまって歴史をふりかえる作業は欠かせない。

そうした思いをにじませつつ書いた『統合原理としての国語』（三元社、二〇〇六）の原稿を出版社宛に電子メールで送信したちょうどその日に、中公新書編集部の白戸直人氏から封書をいただいた。二〇〇五年一一月のことである。

正直なところ、せっかく原稿を出したばかりなのにまた仕事か、と思ったのだが、いまどき珍しく郵便による依頼状を出すのはどんな人か、という興味が先に立ち（私は案外形式主義者だったりする）、会ってみることにしたのであった。

結果的には、この十年書きつづけてきたことの一部をまとめる作業となり、本書が仕上がった。一方でいま現在の「国語」を無批判に愛でる状況への危機感を再度確認することにもなった。この危機感は、日本の政治・社会そして国際関係などに対するものと同じである。この点についていては、また別の題材で論じてみたい。

それはともかくとして、三〇代にして新書を出すことになるとは夢にも思っていなかった。新書とは、その道の偉い人がわかりやすく解説するものだ、と考えていたからである。そもそも、「その道」というべき「道」を私はいまもって模索しており、したがって「偉い」わけでも何でもない。「新書戦争」と呼ばれる新書乱立のなかで、新書の位置もかわってきたということなのであろう。そして「わかりやすく」という点だが、啓蒙的な論述を最も苦手とする私の書いたこの本に、多少なりとも「ああ、なるほど」という部分があったとすれば、それは白戸氏の助言のおかげである。感謝したい。

二〇〇六年一一月

安田敏朗

参考・引用文献

本書の記述は全般にわたって筆者が以下の書物で論じてきたことを基盤としている。なお、本書と記述内容が重複する部分もあることを断っておきたい。

『植民地のなかの「国語学」 時枝誠記と京城帝国大学をめぐって』三元社、一九九七年
『帝国日本の言語編制』世織書房、一九九七年
『「言語」の構築 小倉進平と植民地朝鮮』三元社、一九九九年
『〈国語〉と〈方言〉のあいだ 言語構築の政治学』人文書院、一九九九年
『近代日本言語史再考 帝国化する「日本語」と「言語問題」』三元社、二〇〇〇年
『国文学の時空 久松潜一と日本文化論』三元社、二〇〇二年
『脱「日本語」への視座 近代日本言語史再考Ⅱ』三元社、二〇〇三年
『日本語学は科学か 佐久間鼎とその時代』三元社、二〇〇四年
『辞書の政治学 ことばの規範とはなにか』平凡社、二〇〇六年
『統合原理としての国語 近代日本言語史再考Ⅲ』三元社、二〇〇六年

各著作での参考文献と重複するものもあるが、本書執筆にあたり、引用あるいは参照した文献を以下に掲げる（著者名五十音順。原音に近い日本語発音で並べたものもある）。

〈ア行〉

明石陽至「軍政下シンガポール、マラヤにおける日本の教育政策」『戦前日本のアジアへの教育関与』国立教育研究所、一九九二年
青田節『方言改良論』福島進振堂、一八八八年
浅田秀子『「敬語」論 ウタから敬語へ』勉誠出版、二

〇〇六年
『アメリカ教育使節団報告書』講談社学術文庫（全訳解説村井実）、一九七九年
アンガー、マーシャル（奥村睦世訳）『占領下日本の表記改革　忘れられたローマ字による教育実験』三元社、二〇〇一年
アンダーソン、ベネディクト（白石さや・白石隆訳）『増補　想像の共同体　ナショナリズムの起源と流行』NTT出版、一九九七年
安藤正次「アイルランド自治州の国語政策　アイルランド語の復興について」『国語教育』一三巻九号、一四巻四号、五号、六号、八号、一九二八年九月〜一九二九年八月
安藤正次「二語併用地域における言語教育」『台湾教育』二九巻八号、九号、一九二九年八月、九月
安藤正次「国語国字諸問題」『岩波講座　国語教育』岩波書店、一九三七年一月
安藤正次「皇国民の錬成と国語の台湾」『国語の台湾』一号、一九四一年一一月
安藤正次「日本語のむつかしさ」『日本語』二巻三号、一九四二年三月
安藤正次『国語国字の問題』河出書房、一九四七年
池田浩士編『カンナニ　湯浅克衛植民地小説集』インパクト出版会、一九九五年
石井均『大東亜建設審議会と南方軍政下の教育』西日本法規出版、一九九四年
石川遼子「「地と民と語」の相克　金沢庄三郎と東京外国語学校朝鮮語学科」『朝鮮史研究会論文集』三五号、一九九七年
石黒修『日本語の問題　国語問題と国語教育』修文館、一九四〇年
石黒修「日本語教育とわたし」『日本語教育』一号、一九六二年一二月
李熙昇「標準語について」『朝鮮語文学会報』三号、一九三二年二月（朝鮮語）
李熙昇「標準語のはなし」『ハングル』五巻七号、一九三七年七月（朝鮮語）
李熙昇「言語と民族」『新天地』一巻一号、一九四六年二月（朝鮮語）
李熙昇「「国語」とはなにか」『新天地』一巻三号、一九四六年四月（朝鮮語）
イ・ヨンスク『「国語」という思想　近代日本の言語認識』岩波書店、一九九六年
岩武照彦『南方軍政論集』巖南堂書店、一九八九年
李完應「朝鮮の学政当局はなぜ朝鮮語を度外視するか」『朝鮮及朝鮮民族』第一集、朝鮮思想通信社、一九二七年
上田万年「帝国大学文科大学に国語学研究室を興すべき議」（『明治文化資料叢書　第八巻』風間書房、一九七五年におさめる）

上田万年「日本大辞典編纂に就て」『東洋学会雑誌』三編二号、一八八九年二月
上田万年「日本言語研究法」『日本大家論集』二〇編、一八八九年三月
上田万年「国語研究に就て」『太陽』一巻一号、一八九五年一月
上田万年「標準語に就きて」『帝国文学』一巻一号、一八九五年一月
上田万年「国語と国家と」『東洋哲学』一巻一一、一二号、一八九五年一月、二月
上田万年「最近の国語問題に付て」『教育学術界』一一巻四号、一九〇五年四月
上田万年『国語学の十講』通俗大学会、一九一六年
上田万年「『国語科学講座』の発刊を喜ぶ」『国語』一号、一九三三年五月
上野成利『暴力』岩波書店、二〇〇六年
植松安「台湾の国語」『国文学者一夕話　附現代国文学者総覧』六文館、一九三二年
植村邦彦『「近代」を支える思想　市民社会・世界史・ナショナリズム』ナカニシヤ出版、二〇〇一年
内山正如編『日本軍人用文』博文館、一八九一年
江戸川乱歩「ひとつの世界、ひとつの文字」小野昇編『国語改革論争』くろしお出版、一九六〇年（初出『ことばの教育』一九五九年七月）
遠藤織枝「「女性語」という思想」『ことば』二三号、二〇〇二年
円満寺二郎『人名用漢字の戦後史』岩波新書、二〇〇五年
大岡保三「外地の国語教育」『国語文化講座　第六巻　国語進出篇』朝日新聞社、一九四二年
大島義夫・宮本正男『反体制エスペラント運動史』三省堂、一九七四年
太田政徳『小学普通諸礼式』山形書肆明治閣、一八八二年
小笠原拓『近代日本における「国語科」の成立過程　「国語科」という枠組みの発見とその意義』学文社、二〇〇四年
岡山県師範学校附属小学校編『児童の語彙と教育』藤井書店、一九三五年（復刻、第一書房、一九八二年）
沖縄県学務課編『沖縄対話』沖縄県、一八八〇年
奥平康弘『治安維持法小史』岩波現代文庫、二〇〇六年
小倉進平「済州島方言（一）～（三）」『朝鮮及満洲』六八号～七〇号、一九一三年三月～五月
小倉進平「対馬方言　上・下」『国学院雑誌』二〇巻一一号・二一巻三号、一九一四年一一月・一九一五年三月
小倉進平『朝鮮語学史』大阪屋号書店、一九二〇年（増訂版は刀江書院、一九四〇年）
小倉進平『南部朝鮮の方言』朝鮮史学会、一九二四年
小倉進平『郷歌及び吏読の研究』京城帝国大学法文学部

紀要一、一九二九年
小倉進平「方言分布上の断層」『ドルメン』四巻一号、一九三五年一月
『小倉進平博士著作集　一〜四』京都大学国文学会、一九七五年
長志珠絵『近代日本と国語ナショナリズム』吉川弘文館、一九九八年

〈カ行〉

海軍省調査課「大東亜共栄圏論」一九四二年（『昭和社会経済史料集成第十七巻』大東文化大学東洋研究所、一九九二年所収）
亀井孝「日本言語学のために」『文学』六巻二号、一九三八年二月
亀井孝「現代国語学思潮の素描」『国語と国文学』一五巻二号、一九三八年二月
亀井孝「国語問題と国語学」『国語と国文学』二四巻一号、一九四七年一月
かめいたかし「「こくご」とは　いかなる　ことば　なりや　ささやかなる　つゆばらいの　こころを　こめて」『国語と国文学』四七巻一〇号、一九七〇年一〇月
亀井孝「日本語の現状と術語」『思想の科学』三巻九〇号、一九四八年一一月
亀井孝他編『新しい国語への歩み　日本語の歴史　六』平凡社、一九六五年
『亀井孝論文集　一　日本語学のために』吉川弘文館、一九七一年
茅島篤『国字ローマ字化の研究』風間書房、二〇〇〇年
川口良・角田史幸『日本語はだれのものか』吉川弘文館、二〇〇五年
姜海守「植民地「朝鮮」における「国語学史」の成立　趙潤済の『国文学史』叙述の場合」西川長夫・渡辺公三編『世紀転換期の国際秩序の形成と国民文化の変容』柏書房、一九九八年
北澤一利『「健康」の日本史』平凡社新書、二〇〇〇年
ギデンズ、アンソニー（松尾精文・小幡正敏訳）『国民国家と暴力』而立書房、一九九九年
金時鐘『わが生と詩』岩波書店、二〇〇四年
京大日本史辞典編纂会編『新編　日本史辞典』東京創元社、一九九〇年
『京都大学百年史　部局史編　一』京都大学後援会、一九九七年
金田一京助『私の歩いてきた道』講談社、一九六八年
金富子『植民地期朝鮮の教育とジェンダー　就学・不就学をめぐる権力関係』世織書房、二〇〇五年
楠家重敏『ネズミはまだ生きている　チェンバレンの伝記』雄松堂、一九八六年
久保田優子『植民地朝鮮の日本語教育　日本語による「同化」教育の成立過程』九州大学出版会、二〇〇五

年
熊谷明泰「朝鮮語ナショナリズムと日本語」田中克彦・山脇直司・糟谷啓介編『言語・国家、そして権力』新世社、一九九七年
熊谷明泰編著『朝鮮総督府の「国語」政策資料』関西大学出版部、二〇〇四年
黒田勇『ラジオ体操の誕生』青弓社、一九九九年
クロタキ・チカラ「国字問題の歴史　国語創造講座二」『国語創造』一〇号、一九四八年七月
クロタキ・チカラ「国語改良の努力　国語創造講話三」『国語創造』一一号、一九四八年九月
ゲルナー、アーネスト（加藤節監訳）『民族とナショナリズム』岩波書店、二〇〇〇年
言語文化研究所『長沼直兄と日本語教育』開拓社、一九八一年
『国語改良異見』自治館、一九〇〇年
国語学会編『国語学大辞典』東京堂出版、一九八〇年
国語協会「大東亜建設に際し国語国策の確立につき建議」『国語運動』六巻五号、一九四二年五月
国語調査委員会『国字国語改良論説年表』一九〇四年
国語調査委員会『口語法調査報告書』一九〇六年（復刊国書刊行会、一九八六年）
国語調査委員会『口語法別記』一九一七年
国語伝習所編『国語講義録』一八九〇～九一年
國語問題協議會『國語問題協議會十五年史』一九七五年
小林隆『方言が明かす日本語の歴史』岩波書店、二〇〇六年
小林英夫「国語か日本語か」『日本語』三巻五号、一九四三年五月
駒込武『植民地帝国日本の文化統合』岩波書店、一九九六年
小宮三保松「併合の目的は同化に在り同化せんとせば先づ彼我親善融和せざるべからず」『朝鮮』（京城朝鮮雑誌社）四三号、一九一一年九月一日
高永根『崔鉉培の学問と思想』集文堂、一九九五年（朝鮮語）
近藤健一郎『近代沖縄における教育と国民統合』北海道大学出版会、二〇〇六年
〈サ行〉
齋藤義七郎「台北市児童の方言」『国語研究』七巻一号、一九三九年一月
阪上孝『近代的統治の誕生　人口・世論・家族』岩波書店、一九九九年
佐久間鼎『日本語の特質』育英書院、一九四一年（復刻、清水康行解説、くろしお出版、一九九五年）
佐久間鼎「生活語としての日本語」『日本語』一巻四号、一九四一年七月
佐久間鼎「大東亜共通語としての日本語」『国語文化』二巻五号、一九四二年四月

佐久間鼎「日本語問題の登場」『日本語のために』厚生閣、一九四二年
櫻本富雄『日本文学報国会　大東亜戦争下の文学者たち』青木書店、一九九五年
佐藤卓己『八月十五日の神話　終戦記念日のメディア学』ちくま新書、二〇〇五年
佐藤治助『吹雪く野づらに　エスペランティスト齋藤秀一の生涯』鶴岡書店、一九九七年
左藤正範「インドネシアにおける日本軍政期の言語・教育政策　日本海軍支配地域の場合」『京都産業大学論集』一二巻四号、一九八三年
佐藤由美『植民地教育政策の研究　朝鮮一九〇五－一九一一』龍渓書舎、二〇〇〇年
サピア、エドワード（安藤貞雄訳）『言語　ことばの研究序説』岩波文庫、一九九八年
寒川道夫「明るい灯を」『国語創造』一号、一九四六年一一月（復刻、梶尾光郎解説、緑陰書房、一九九九年）
山東功「国語施策の展開と「日本型」社会」大平祐一・桂島宣弘編『「日本型社会」論の射程　「帝国化」する世界の中で』文理閣、二〇〇五年
志賀直哉「国語問題」『改造』一巻四号、一九四六年四月（『志賀直哉全集　第七巻』岩波書店、一九七四年所収）
芝崎厚士『近代日本と国際文化交流　国際文化振興会の創設と展開』有信堂高文社、一九九九年
柴田廉『台湾同化策論　台湾島民の民族心理学的研究』晃光館、一九二三年（復刻、南天書局、一九九六年）
清水康行「上田万年をめぐる二、三のことども　専門学務局長就任から国語調査委主事辞任まで」『山口明穂教授還暦記念国語学論集』明治書院、一九九六年
清水康行「日本語学と国語学」野山嘉正編著『国語国文学の近代』放送大学教育振興会、二〇〇二年
瓜哇軍政監部総務室調査室発行『極秘　瓜哇に於ける文教の概要』一九四四年三月（復刻、倉沢愛子解説、龍渓書舎、一九九一年）
白石大二『終戦後における国語改良の動向』社会社、一九四七年
神保格「音声言語の教育」『教育研究』五〇〇号、一九三九年七月
神保格「言語的強制圧迫は不可」『帝国大学新聞』一九四二年三月二三日
申明直（岸井紀子・古田富建訳）『幻想と絶望　漫文漫画で読み解く日本統治時代の京城』東洋経済新報社、二〇〇五年
新村出『岩波講座　日本文学　言語学概論』岩波書店、一九三三年四月
新村出（談）「思い出を語る（二）」『言語生活』六二号、一九五六年一〇月
新村出筆録・柴田武校訂『上田万年　言語学』教育出版、一九七五年

鈴木静夫「フィリピンの「脱亜入欧」と国語運動」岡部達味編『ASEANにおける国民統合と地域統合』日本国際問題研究所、一九八九年
鈴木隆盛「朝鮮の現状」『コトバ』二巻三号、一九四〇年三月
『壮丁教育調査概況　四』宣文社、一九七三年

〈タ行〉
高木市之助「朝鮮の国語教育について」『京城帝国大学創立十周年記念論文集文学篇』大阪屋号書店、一九三六年
高木市之助『国文学五十年』岩波新書、一九六九年
高木市之助述・深萱和男録『尋常小学国語読本』中公新書、一九七六年
高木弘「日本語の合理化」『唯物論研究』二九号、一九三五年三月
高木弘『言語学』三笠書房、一九三六年
高倉テル「日本国民文学の成立　下」『思想』一七二号、一九三六年九月
高倉テル『ニッポン語』北原出版、一九四四年
タカクラ・テル『ニッポン語』世界画報社、一九四七年
高田博行「日本の国語運動におけるドイツの国語運動の受容の流れ　その一・その二」大阪外国語大学ドイツ語学科研究室編『日本とドイツ　今日の相互交流と影響』一九八五年・一九八六年
滝浦真人『日本の敬語論　ポライトネス理論からの再検討』大修館書店、二〇〇五年
武部良明「国語国字問題の由来」『岩波講座　日本語三』岩波書店、一九七七年
田中克彦『言語の思想　国家と民族のことば』NHKブックス、一九七五年
田中克彦『ことばと国家』岩波新書、一九八一年
田中克彦「「スターリン言語学」と日本語」『現代思想』二六巻一〇号、一九九八年八月
多仁安代『大東亜共栄圏と日本語』勁草書房、二〇〇〇年
多仁安代『日本語教育と近代日本』岩田書院、二〇〇六年
崔璋烈「普通学校に於ける国語教育と朝鮮語教育の使命」『文教の朝鮮』三二号、一九二八年
チェ・ギョンボン『われわれの言葉の誕生　最初の国語辞典編纂五〇年の歴史』本とともに、二〇〇五年（朝鮮語）
趙潤濟『国語教育の当面する問題』文化社、一九四七年（朝鮮語）
趙潤濟『国文学史』東国文化社、一九四九年（朝鮮語）
朝鮮軍報道部監修『朝鮮徴兵準備読本』朝鮮図書出版株式会社、一九四二年（復刻版、金英達解説、不二出版、一九九三年）
陳培豊『「同化」の同床異夢　日本統治下台湾の国語教

育史再考』三元社、二〇〇一年
都留長彦「台湾方言について」『国語の台湾』一号、一九四一年一一月
鶴見俊輔「言葉のお守り的使用法について」『思想の科学』一巻一号、一九四六年五月
鶴見俊輔「ベイシック英語の背景」『思想の科学』一巻二号、一九四六年八月
寺川喜四男『大東亜諸言語と日本語』大雅堂、一九四五年
寺川喜四男『東亜日本語論　発音の研究』第一出版、一九四五年
土居光知『基礎日本語』六星館、一九三三年（復刻、冬至書房、一九九六年）
土居光知『日本語の姿』改造社、一九四三年
土居光知「基礎日本語と小学校の教育」『思想の科学』二巻一号、一九四七年一〇月
土居光知「基礎日本語をめぐって」『思想の科学』第五次、一九六八年二月
東条操『国語の方言区画』育英書院、一九二七年
東条操『最近の国語学と方言学』筑摩書房、一九六〇年
東京書籍株式会社社史編集委員会編『近代教科書の変遷　東京書籍七十年史』東京書籍、一九八〇年
時枝誠記「言語に対する二の立場　主体的立場と観察者的立場」『コトバ』二巻七号、一九四〇年七月
時枝誠記『国語学史』岩波書店、一九四〇年
時枝誠記『国語学原論』岩波書店、一九四一年
時枝誠記「国語の特質」『国語文化講座　二　国語概論篇』朝日新聞社、一九四一年
時枝誠記「朝鮮に於ける国語政策及び国語教育の将来」『日本語』二巻八号、一九四二年八月
時枝誠記「朝鮮に於ける国語　実践及び研究の諸相」『国民文学』三巻一号、一九四三年一月
時枝誠記「「時枝文法」の成立とその源流　鈴木月良と伝統的言語観」『講座日本語の文法　一　文法論の展開』明治書院、一九六八年
豊田国夫『民族と言語の問題　言語政策の課題とその考察』錦正社、一九六四年
豊田国夫『言語政策の研究』錦正社、一九六八年

〈ナ行〉

長野師範学校男子部附属国民学校教科研究会『児童の語彙と国語指導』信濃毎日新聞社、一九四四年
永嶺重敏『雑誌と読者の近代』日本エディタースクール出版部、一九九七年
中村紀久二『教科書の社会史　明治維新から敗戦まで』岩波新書、一九九二年
中村春作「「敬語」論と内なる「他者」」『現代思想』二二巻九号、一九九四年八月
中村春作「日本語教育と国語教育　思想史の視点から」縫部義憲監修・水島裕雅編集『講座・日本語教育学

第一巻　文化の理解と言語の教育』スリーエーネットワーク、二〇〇五年
南富鎮『文学の植民地主義　近代朝鮮の風景と記憶』世界思想社、二〇〇六年
西周「洋字を以て国語を書するの論」『明六雑誌』第一号、一八七四年三月（山室信一・中野目徹校注『明六雑誌（上）』岩波文庫、一九九九年）
『日治時期臺灣公學校與國民學校國語讀本』第一期（一九〇一―一九〇三）、南天書局有限公司、二〇〇三年
仁平純「兵語としての口語及文章語に就て」『軍事界』三号、一九〇二年
日本放送協会『宮廷敬語』一九三五年
日本放送協会「皇室関係放送用語集」『NHK放送用語ハンドブック』一九六九年

〈ハ行〉

萩原朔太郎「日本語の普及と統制に就いて」『改造』二〇巻六号、一九三八年六月
橋本毅彦・栗山茂久編著『遅刻の誕生　近代日本における時間意識の形成』三元社、二〇〇一年
橋谷弘『帝国日本と植民地都市』吉川弘文館、二〇〇四年
林廣茂『幻の三中井百貨店　朝鮮を席巻した近江商人・百貨店王の興亡』晩聲社、二〇〇四年
坂野徹『帝国日本と人類学者　一八八四年―一九五二年』勁草書房、二〇〇五年
「標準語教育座談会」『国語教育』二四巻一一号、一九三九年一一月
平井昌夫『国語国字問題の歴史』昭森社、一九四八年（復刻、安田敏朗解説、三元社、一九九八年）
平松誉資事『大東亜共通語としての日本語教授の建設』光昭会、一九四二年
広瀬続「国語普及の新段階」『朝鮮』三二九号、一九四三年
福沢諭吉『旧藩情』一八七七年、私家版（『福沢諭吉著作集　第一二巻』岩波書店、一九八一年におさめる）
福田良輔「台湾国語問題覚え書」『台大文学』六巻三号、一九四一年七月
藤井省三編『「帝国」日本の学知　第五巻　東アジアの文学・言語空間』岩波書店、二〇〇六年
藤野豊『強制された健康　日本ファシズム下の生命と身体』吉川弘文館、二〇〇〇年
藤村作『国語問題と英語科問題』白水社、一九四〇年
文化審議会答申『これからの時代に求められる国語力について』二〇〇四年二月三日（http://www.mext.go.jp/b_menu/shingi/bunka/toushin/04020301.htm）
文化庁『国語施策百年史』ぎょうせい、二〇〇六年
文化庁文化部国語課『国語審議会答申・建議集』一九九六年
保科孝一『国語教授法指針』宝永館、一九〇一年

保科孝一「新体制と言語の統制」『国語教育』二五巻一一号、一九四〇年一一月
保科孝一「新生日本の国語政策」『思潮』一巻三号、一九四六年九月
保科孝一「国語の統制を強化せよ」『国語学』第一輯、一九四八年一〇月
保科孝一『国語問題五十年』三養書房、一九四九年
穂積陳重『法律進化論』第二冊、岩波書店、一九二四年
堀江秀雄「日本語の世界的地位」『国文学』第七九号、一九〇五年一二月
堀江秀雄纂『国字改良論纂』金港堂、一九〇二年

〈マ行〉
前田愛『近代読者の成立』岩波書店同時代ライブラリー、一九九三年
益岡隆志『三上文法から寺村文法へ』くろしお出版、二〇〇三年
松坂忠則『国語国字論争　復古主義への反論』新興出版、一九六二年
松永典子『日本軍政下のマラヤにおける日本語教育』風間書房、二〇〇一年
丸谷才一編著『国語改革を批判する』中公文庫、一九九九年
丸山隆司『〈アイヌ〉学の誕生　金田一と知里と』彩流社、二〇〇二年
三ッ井崇「日本語朝鮮語同系論の政治性をめぐる諸様相　金沢庄三郎の言語思想と朝鮮支配イデオロギーとの連動性に関する一考察」『朝鮮史研究会論文集』三七号、一九九九年
宮川康子「「日本語学」・二つのはじまり　佐久間鼎と三上章」『現代思想』二二巻九号、一九九四年八月
文部省『国語審議会の記録』一九五二年
文部省教科書局国語課『国語調査沿革資料』一九四九年

〈ヤ行〉
安田常雄「『明六雑誌』と『思想の科学』」鶴見俊輔編『『思想の科学』五十年　源流から未来へ』思想の科学社、二〇〇五年
山下仁「敬語研究のイデオロギー批判」野呂香代子・山下仁編『「正しさ」への問い　批判的社会言語学の試み』三元社、二〇〇一年
山田孝雄『国語学史要』岩波書店、一九三五年
山田孝雄「国語とは何ぞや」『国語文化講座　第二巻　国語概論篇』朝日新聞社、一九四一年
山室信一『キメラ　満洲国の肖像』中公新書、一九九三年
山室信一『思想課題としてのアジア　基軸・連鎖・投企』岩波書店、二〇〇一年
山本正秀「明治の新国学運動　落合直文を中心として」『国語文化』二巻四号、一九四二年三月

山本有造編『「満洲国」の研究』京都大学人文科学研究所、一九九三年
山本有造「「帝国」とは何か」山本有造編『帝国の研究　原理・類型・関係』名古屋大学出版会、二〇〇三年
吉田澄夫「国語国字整理を促進」『帝国大学新聞』一九四二年三月二三日
吉田裕『日本の軍隊　兵士たちの近代』岩波新書、二〇〇二年

〈ラ・ワ行〉

頼阿佐夫（平井昌夫）『国語・国字問題』三笠書房、一九三八年
陸軍省『兵器用語集』一九四〇年（吉田澄夫・井之口有一編『明治以降国語問題諸案集成　語彙・用語・辞典・国語問題と教育編』風間書房、一九七二年に抄録）
李尚霖『漢字、台湾語、そして台湾話文　植民地台湾における台湾話文運動に対する再考察』一橋大学大学院言語社会研究科博士学位請求論文、二〇〇六年
『臨時仮名遣調査委員会議事速記録』文部省、一九〇九年
林美秀「『日台大辞典』の方言語彙」（二〇〇五年度日本語学会中国四国支部大会研究発表要旨）『日本語の研究』二巻二号、二〇〇六年四月
若林正丈「台湾ナショナリズムと「忘れ得ぬ他者」」『思想』九五七号、二〇〇四年一月

主要図版一覧

新村出（談）「思い出を語る（二）」『言語生活』筑摩書房、六二号、一九五六年一〇月号　64
安藤正次『安藤正次著作集一』雄山閣、一九七四年　118
申明植『モダンボーイ、京城をぶらつく』現実文化研究社、二〇〇三年（朝鮮語）　126
石黒修『日本の国語』増進堂、一九四三年　157
秋田喜三郎『国民の魂　日本語のお話』明治図書、一九四二年　159
『文字文化展覧会出品物解説』カナモジカイ、一九三五年　165
『宮廷敬語』社団法人日本放送協会、一九三五年　179
佐久間鼎「新しい語法」『国語文化講座一　国語問題篇』朝日新聞社、一九四一年　181
李熙昇『生まれ変わってもこの道を』ソニョン社、二〇〇一年（朝鮮語）　248

人物略歴

記述は国語学会編『国語学大辞典』東京堂出版、一九八〇年などにもとづき筆者が加除した。本文中の記述と重なるところもある。文責は筆者にある。

安藤正次　あんどう・まさつぐ
一八七八～一九五二　国語学者・言語学者。埼玉県生まれ。神宮皇学館卒（一八九八）。東京帝国大学言語学科選科在学中に上田万年の教えを受ける。修了（一九〇四）後、神宮皇学館教授（～一九一六）。その後臨時国語調査会委員などを経て一九二六年台湾総督府文部省在外研究員として米英独仏に留学。帰国後台北帝国大学文政学部教授。文政学部長、総長を歴任。四八年国語審議会会長。東洋大学学長のときに死去。留学中にはアイルランド自由国の言語政策に関する資料を集め紹介し、バイリンガリズムを「二語併用」と翻訳して台湾の多言語社会の分析に適用した。戦前の言語政策論を幅広く論じたが、台湾社会については二語併用を異常視して「国語」専用社会を主張した。かなづかい改訂に尽くし、敗戦後は作家山本有三らと「国民の国語運動連盟」を組織した。上代語の研究が多い。『安藤正次著作集』（七巻、雄山閣）がある。

李熙昇　イ・ヒスン
一八九六～一九八九　京畿道に生まれる。苦学の末、一九二七年京城帝国大学予科卒、三〇年京城帝国大学法文学部朝鮮語学朝鮮文学科卒。小倉進

平の指導をうける。京城高等普通学校の生徒時代に小倉から「国語」を習ったこともあり、大学で再会したことになる。三〇年朝鮮語学会（当時は朝鮮語研究会）に入会。京城高等師範学校、梨花女子専門学校教授。四〇〜四二年、東京帝国大学の大学院に留学、言語学専攻（小倉は一九三三年から言語学科主任教授）。梨花女子専門学校に戻ると、文科科長に。四二年一〇月朝鮮語学会事件で検挙。四五年八月一七日に出獄。六一年の退官までソウル大学教授を務める。『朝鮮語学論攷』（一九四七）、『国語学概説』（一九五五）以降の著作にみられるように学問としての朝鮮語学の発展に寄与した（李熙昇『生まれ変わってもこの道を』二〇〇一、〔朝鮮語〕参照）。

上田万年　うえだ・かずとし

一八六七〜一九三七　国語学者。江戸の名古屋藩下屋敷に生まれる。一八八八年帝国大学和文学科卒。近世文学研究を志すが、招聘講師のB・H・チェンバレンの教えを受け博言学専攻。外山正一や加藤弘之の薦めによりドイツ・フランス留学（一八九〇〜九四）。帰国後帝国大学教授（〜一九二七）。その間、文部省専門学務局長、国語調査委員会主事、東京帝国大学文科大学学長（文学部長）、神宮皇学館長、臨時国語調査会会長などを兼任。国学院大学学長（二七〜二九）。近代国語学の基礎をつくった。国語愛ばかりではなく国語の科学的研究の具体的方法を説いた『国語のため』（一八九五）、『国語のため　第二』（一九〇三）が代表作。他に、『日本外来語辞典』（高楠順次郎）、『大日本国語辞典』（松井簡治）、『古本節用集の研究』（橋本進吉）などに名を連ねる。作家円地文子の父。

小倉進平　おぐら・しんぺい

一八八二〜一九四四　言語学者・朝鮮語学者。仙台市生まれ。東京帝国大学言語学科卒（一九〇六）。同大学院を経て一九一一年に朝鮮総督府学務局勤務のため朝鮮に渡る。勤務の合間に朝鮮各地の方言調査や文献研究を行ない、『南部朝鮮の方言』（一九二四）、『朝鮮語学史』（一九二〇）などとして成果を公表している。また『郷歌及び吏読の研究』（一九二九）で帝国学士院恩賜賞を授けられた。文献研究や方言研究によって朝鮮語のより古い形を再構成しようと尽力した。方言研究に関しては方言区画論を示し、これは現在の方言区画にもほぼ引き継がれている。二六年京城帝国大学開学とともに文政学部朝鮮語学朝鮮文学講座教授（～三三）となり、東京帝国大学に転任後は兼任という形で朝鮮人学生の指導にもあたった。遺著となった『朝鮮語方言の研究』（一九四四）には多数の方言資料が記載されている。朝鮮語学の基礎をつくったと評価して間違いない。『小倉進平博士著作集』（四巻、京都大学国文学会）がある。

金田一京助　きんだいち・きょうすけ
一八八二～一九七一　言語学者・国語学者・アイヌ語学者。盛岡市生まれ。石川啄木と同郷。東京帝国大学言語学科卒（一九〇七）。上田万年の示唆によりアイヌ語研究を志す。在学中、卒業後に北海道アイヌ、樺太アイヌの調査を行なう。叙事詩ユカラにアイヌ語の古形を見いだそうとし、その筆録に努める。知里幸恵が筆録・翻訳したユカラを『アイヌ神謡集』（一九二三）として出版。二二年国学院大学教授。二八年から東京帝国大学言語学科助教授。一年だけ教授となり四三年依願免官。名義を貸した『明解国語辞典』（一九四三）が評判を呼ぶ。アイヌ語研究に限らず、国語教科書編纂や国語問題にも積極的に発言、国語審議会委員・副会長（五四～五六）の経験も。文化勲章（五四）。『金田一京助全集』（一五巻、三省堂）がある。

佐久間鼎　さくま・かなえ
一八八八～一九七〇　心理学者・言語学者。千葉県東金市生まれ。東京帝国大学心理学科卒（一九一三）。日本語のアクセントの体系化（『国語のアクセント』一九一七ほか）、日本語音声学（『日本音声学』一九二九）の研究を行なう。二三年からのドイツ留学でウォルフガング・ケーラーからゲシュタルト心理学を学び、一九二五年に九州帝国大学初代心理学講座教授となると、翻訳や著書『ゲシタルト心理学の立場』（一九三三）などで紹介。言語学研究については一九三〇年代になるとアクセント研究から文法研究に中心を移し、ゲシュタルト性にもとづいた文法論を展開する。『日本語の特質』（一九四一）が集大成といえる。理論研究として『日本語の言語理論的研究』（一九四三）がある。現代音声日本語（結局は東京標準語である）を分析対象とする科学的な「日本語学」の樹立を構想し、「大東亜共栄圏」での日本語普及などについても論じた。敗戦後、改組直前の国語調査委員会委員。四九年九州大学定年後、東洋大学教授、そして学長（六〇～六三）。六八年駒沢大学教授。

新村 出　しんむら・いずる

一八七六～一九六七　山口県出身。一八九九年東京帝国大学博言学科卒。国語研究室助手・東京高等師範学校教授・東京帝国大学助教授を歴任。英・仏・独に留学後、京都帝国大学言語学科教授（一九〇九～三六）。国語研究室の助手時代には方言調査や資料収集なども行ない、上田万年とともに近代国語学の初期の中心的なメンバーであった。文献学的な考証に秀で、『東方言語史叢考』（一九二七）、『東亜語源史』（一九四二）といった国語史研究の業績が目立つ。また室町時代の言語研究のためにキリシタン資料を使った研究、外来語研究、語源研究など、多岐にわたる。『南蛮更紗』（一九二五）といった随筆風のものから『国語問題正義』（一九四一）などの国語問題に関する著作も多い。五六年文化勲章。『広辞苑』の名義上の編者として知られる。『新村出全集』（一五巻、筑摩書房）がある。

崔鉉培　チェ・ヒョンベ

一八九四～一九七〇　慶尚南道出身。一九一〇年官立漢城高等学校（同年八月の韓国併合で京城高等普通学校と改称）入学。同年春、周時経主催の

国語講習会に参加。ハングルに対する深い興味を抱く。のちに徹底的なハングル専用論者かつ漢語も排斥して固有語で言い換えることを主張するようになる。一五年京城高等普通学校卒。官費留学生として広島高等師範学校（一九一五〜一九）。さらに京都帝国大学で哲学および教育学を専攻（一九二二〜二四）。京都帝大教授新村出の言語学の講義を聴いたとの回想がある。卒業論文は「ペスタロッチの教育思想」。教育によって民族更生をはからねばならないと、「朝鮮民族更生の道」を『東亜日報』に連載。三〇年単行本。二六年延禧専門学校教授。一方で朝鮮語学会でも活躍。四二年朝鮮語学会事件で検挙。四五年八月一七日出獄。四九年、朝鮮語学会が改称したハングル学会初代理事長（〜五〇）。五四年から延禧大学（現・延世大学）教授を務める。国語への愛を熱烈に説く一方でハングル専用論にもとづいた文法論など、教育的・実践的な研究が多い（高永根『崔鉉培の学問と思想』一九九五〈朝鮮語〉参照）。

チェンバレン　Basil Hall Chamberlain

一八五〇〜一九三五　イングランドのポーツマス生まれ。日本学者。一八七三年来日。八六年東京大学文科大学の教師となり、博言学などを講じる（〜九〇）。いわゆるお雇い外国人であったが、一九一一年にジュネーブに隠棲するまでの四〇年近く、大半は日本にあって日本の文学・言語・歴史などの研究を行なった。琉球語やアイヌ語に関する研究もある。『古事記』の英訳もしている。『日本口語文典』『日本小文典』など文法に関する著書もある。その博言学の講義が上田万年に与えた影響は大きく、近代国語学成立の契機をつくった人物ともいえる。日本語で読める評伝に楠家重敏『ネズミはまだ生きている』（一九八六）がある。

周時経　チュ・シギョン

一八七六〜一九一四　言語学者。黄海道出身。一八九六年『独立新聞』の校正係をしながら、朝鮮文同式会をつくり、朝鮮語表記の統一と研究に着手。朝鮮語研究の必要性と固有文字の大切さを唱えながら民族的国文運動を展開し、研究・教育に邁進。著書に『国語と国文の必要』(一九〇七)、『国語文典音学』(一九〇八)、『国語文法』(一九一〇)などがある。そのなかでは、民族語研究と愛護の必要性を説く一方で、音声学、表記法、品詞論、形態論などが論じられる。早世したが、遺志は引き継がれ、二一年に朝鮮語研究会が結成され、のち朝鮮語学会へいたる(大村益夫筆「周時経」『朝鮮を知る事典』一九八六参照)。

寺川喜四男　てらかわ・きしお

一九一〇〜八七　三重県出身。アクセント論。早稲田大学の英文学専攻卒業後、早稲田大学文学部文学科国文学専攻に再入学。在学中の一九三七年末、台湾の台北第三高等女学校の英語教員となり台湾に渡る。そこで台湾人の話す国語のアクセントに注目し、卒業論文『北部台湾に於て福建系本島人の使用する国語のアクセント研究』(一九三九)を仕上げる。さらなる調査のために台北帝国大学大学院に入学し、四〇年度・四一年度と台北帝国大学文政学部大学院に「国語学及言語学研究」の題目のもと、文政学部言語学担当教授浅井恵倫を指導教官として在籍。『台湾に於ける国語音韻論』(一九四二)、『大東亜諸言語と日本語』(一九四五)、『東亜日本語論』(一九四五)で研究成果を公表。「国語の台湾方言」として、台湾で話される日本語をとらえようとした。大東亜省調査官を経て、敗戦。文部省科学教育局科学官、駒沢大学文学部教授、法政大学教授、国士舘大学副学長などを歴任し、独協大学教養部教授。敗戦後は日本音声学会の評議員や理事を務め音声学関連の著作もある一方で、ソビエト連邦やヨーロッパでの日本学・日本語教育の現状を調査して書いた著書も多い。

東条 操　とうじょう・みさお

一八八四〜一九六六　国語学者・方言学者。東京生まれ。東京帝国大学国文学科卒(一九一〇)。国語調査委員会嘱託、東京帝国大学助手として、上田万年の指導のもと、方言研究を進める。国語調査委員会が行なった二度の全国口語法・音韻調査（一九〇三、〇八）の結果をもとにして、方言を地域ごとに区分した『国語の方言区画』（一九二七）を刊行。以後、方言区画を精緻化していく。同時期に方言周圏論を唱えた柳田国男の方言区画論への批判に応え論争がなされた。静岡高等学校教授などを経て三二年から学習院大学教授。四九年の国立国語研究所設置以後は評議員として参画。方言の実地調査および文献調査両面での研究を進めた。東京方言学会（一九三二）、日本方言学会（一九四〇）の設立に尽力する。二三年に『南島方言資料』を編纂。日本方言学会は四四年の国語学会創立とともに発展的解消。『方言と方言学』『国語学新講』などの比較的読みやすい著書もある。『東条操著作集』（五巻、ゆまに書房）がある。

時枝誠記　ときえだ・もとき
一九〇〇〜六七　国語学者。東京神田生まれ。一九二五年東京帝国大学国語国文学科卒。京城帝国大学法文学部勤務（一九二七〜四三）を経て東京帝国大学教授。六一年東京大学退官。のち早稲田大学教授。言語とは主体の表現過程であるという言語過程観を提唱した主著『国語学原論』（一九四一）が有名。京城帝国大学在籍時は上田万年の国語愛に感銘を受けつつも、朝鮮人の母語は日本語ではないことに留意し、国家的価値意識のもとで主体的に朝鮮語ではなく「国語」を選び取ることになると主張することで、この矛盾を解消しようとした。京城時代から構想していた『日本文法』は口語篇（一九五〇）、文語篇（一九五四）という形で世に問われた。国語教育にも関心を示し、言語過程説による文法教育が敗戦後教育界でもてはやされる。『国語問題と国語教育』（一九四九）などの著書がある。

平井昌夫　ひらい・まさお
一九〇八〜九六　国語教育学者。愛知県生まれ。東京帝国大学哲学科卒（一九三三）。旧制八高時代からのローマ字論者。卒業後日本のローマ字社勤務（〜一九三九）の傍ら東京帝国大学図書館嘱託。三九年以降、東亜研究所嘱託、春陽堂書店嘱託など。三九年六月左翼ローマ字運動事件で検挙。一審で執行猶予判決。唯物論研究会との関係で検挙された。研究会と関係が深い唯物論全書で『国語・国字問題』（一九三八）を執筆。封建的な漢字の呪縛から逃れるべきだと主張。これに加筆して『国語国字問題の歴史』（一九四八）を刊行。この分野の基本書となる。敗戦後は小学校でのローマ字教育推進に関与。国立国語研究所勤務（四九～五六）後、共立女子大学文芸学部教授（～六八）、東京学芸大学教育学部に新設された言語障害児教育教員養成課程の教授（六八～七二）、愛知淑徳大学教授（七五～八二）。

保科孝一　ほしな・こういち

一八七二～一九五五　国語学者。山形県出身。一八九七年東京帝国大学卒。助手・講師を経て、東京高等師範学校教授（一九〇一。東京帝国大学助教授を兼ねる）。一八九八年文部省嘱託として国語・国語教育の調査に従事（『方言採集簿』〈一九〇四〉など）。ドイツ・フランスに留学（一九一一～一三）中はオーストリア・ハンガリー帝国の言語政策などを研究し、『国語政策論』や『国家語の問題について』（ともに一九三三）などで「国家語」による多言語管理の手法を唱える。この観点から「大東亜共栄圏」での日本語教育の方策などを論文・著書でくりかえし主張する。東京文理科大学教授（三〇～四五）。国語審議会の幹事・幹事長、臨時ローマ字調査会幹事を歴任。雑誌『国語教育』主幹（一六～四一）。戦前から戦後にかけての国語簡易化の方針を堅持した。

山田孝雄　やまだ・よしお

一八七三～一九五八　国語学者・歴史学者・国文学者・国学者。富山県生まれ。富山中学中退。小中学校教員検定試験に合格し、数校勤務ののち、国語調査委員会補助委員。一九二四年東北帝国大学講師、教授。三五年退官。四〇年神宮皇学館大学学長。四四年貴族院議員。四五年七月国史編修院長。敗戦により公職追放にあう。五八年文化勲

章。山田文法と称される文法体系をつくりあげ、『日本文法論』『敬語法の研究』『漢文の訓読によりて伝へられたる語法』『奈良朝文法史』をはじめとする国語学の諸業績はもとより、各種古典の注釈などの国文学の業績、『国学の本義』『大日本国体概論』『桜史』『君が代の歴史』などの国史学・文献学・国学の業績も多い。国語問題についても『国語尊重の根本義』『国語政策の根本問題』『国語の本質』などの著書を残している。国語と国体との不可分な関係を説き、いつの時代の国語改革にも真っ向から反論した。

「国語」の近代史　関連年表

1872年以前は陰暦による

年	日本の近代史
1868	戊辰戦争（〜69）。明治維新。明治天皇即位
69	電信開通（東京〜横浜）
1870	『横浜毎日新聞』創刊。『西国立志編』
71	廃藩置県
72	新橋〜横浜に鉄道開通。改暦。『学問ノスヽメ』（福沢諭吉）
73	徴兵制度施行。明六社結成。地租改正条例公布。征韓論政変。『まいにち　ひらがな　しんぶんし』創刊
74	民撰議院設立建白書。佐賀の乱。台湾出兵。自由民権運動（〜89）
75	樺太・千島交換条約。讒謗律、新聞紙条例。出版条例改正。江華島事件

年	「国語」の近代史〈主な出来事、特徴的論著など〉
1866	前島密「漢字御廃止之議」を徳川慶喜に建白
67	『和英語林集成』初版（J・C・ヘボン）
1870	南部義籌「修国語論」を山内容堂に建白（71年文部省に建白）
71	文部省設置
72	学制公布（〜79）、国民皆学を謳う。森有礼、ホイットニー宛書簡、日本の「国語」を簡略英語に。『和英語林集成』第三版（J・C・ヘボン）
73	『文字之教』（福沢諭吉、漢字制限）。『日本語初等文典』（馬場辰猪、英文）
74	『明六雑誌』発刊（〜75。西周などが国字問題を論じる）

	日本の近代史
76	日朝修好条規。廃刀令。神風連の乱、秋月の乱、萩の乱
77	西南戦争。京都〜大阪に鉄道開通。東京大学開設
78	東京株式取引所開業。竹橋騒動（近衛兵の反乱）
79	琉球処分、沖縄県設置。教育令制定
1880	刑法、治罪法公布
81	開拓使払い下げ問題表面化。国会開設の詔（大隈重信失脚、明治十四年の政変）。自由党結成
82	［このころ、自由民権運動激化］軍人勅諭
83	『官報』刊行開始。鹿鳴館落成。徴兵令改正（免役制から猶予制へ）
84	自由党解党。加波山事件。秩父事件
85	天津条約（朝鮮問題に関し清国と）。大阪事件。内閣制度、伊藤博文初代総理
86	第一・第三高等中学校開設。教科用図書検定条例公布。小学校令、帝国大学令などの学校令公布

	「国語」の近代史
1880	『沖縄対話』（沖縄県学務課）。*Prinzipien der Sprachgeschichte* (H. Paul)
83	かなのくわい発足。大日本教育会設立
85	羅馬字会発足
86	帝国大学令公布。尋常小学校義務化。帝国大学内に博言学科設置。B・H・チェンバレン、講師として博言学を講じる（〜89）

87	［このころ、欧化主義への非難が高まる］保安条例施行。三大事件建白（言論の自由、地租改正、外交の回復）	［このころ、言文一致に関する実践・議論が高まる］
88	市制・町村制公布。枢密院設置（憲法草案審議開始）	言語取調所発足（〜90）。『方言改良論』（青田節）
89	標準時施行。大日本帝国憲法公布。皇室典範制定	
1890	慶應義塾大学部始業。教育勅語発布。第一回総選挙。帝国議会開会	［このころ、西洋言語学理論（主に比較言語学）の輸入が盛んに］『日本語学一斑』（岡倉由三郎）
91	大津事件	日本辞書『言海』完成（大槻文彦）
93	［このころを前後して、国民国家として日本が形をなしてくる］商法施行。弁護士法公布。文部省、「君が代」など祝日・大祭日儀式に用いる歌詞・楽譜を定める	
94	日清戦争（〜95）。英との間で領事裁判権廃止	上田万年欧州留学より帰国、帝大教授、国語学史講義。「国語と国家と」（上田万年講演）
95	下関条約。台湾島民台湾民主国を宣言、日本軍と交戦。台湾領有。三国干渉	『国語のため』（上田万年。97年訂正再版）。「標準語に就きて」（同）。「国語研究法」（同、「東洋諸国の普通語」としての日本語を主張）

日本の近代史

96	拓殖務省設置（〜97）。日清通商航海条約。台湾で国語教育開始
97	朝鮮、大韓帝国と国号変更。京都帝国大学設置
98	幸徳秋水などが社会主義研究会設立。民法全編施行。東亜同文会結成。台湾公学校令
99	内地雑居開始
1900	治安警察法公布。選挙法改正。義和団の乱鎮圧のため北京に八ヵ国共同出兵

「国語」の近代史

96	文部大臣諮問機関として高等教育会議設置。大日本教育会を帝国教育会に再編。台湾総督府国語学校などで教科目としての「国語」登場
97	東京帝国大学に国語研究室設置。『広日本文典』（大槻文彦）
98	言語学会発足。保科孝一、八丈島言語調査（本格的な「方言」研究の嚆矢）。「方言に就て」（保科孝一）。上田万年、国字改良会結成
99	［このころ、国語国字論隆盛］博言学科を言語学科に改称
1900	初等教育就学率（男子90%、女子77%）。帝国教育会、国会に国字問題改良の建議。小学校令改正、棒引かなづかい、国語科設置。文部省、前島密、大槻文彦ら五名を国語調査委員に任命、予算は議会で否決。言語学会、『言語学雑誌』刊行開始（〜02）。『国語改良異見』（自治館）
01	『国語教授法指針』（保科孝一）

年	事項	年	国語関係
02	日英同盟協約調印。教科書疑獄事件（教科書の国定化の契機に）。東京専門学校、早稲田大学と改称	02	国語調査委員会官制公布。『言文一致論集』（言文一致会）、『国字改良論纂』
03	平民社（幸徳秋水など。～05）結成、『平民新聞』創刊	03	国語調査委員会第一次口語法・音韻調査。『国語のため　第二』（上田万年）
04	日露戦争（～05）。日韓議定書調印、第一次日韓協約	04	『方言採集簿』（国語調査委員会。保科孝一編）。第一期国定教科書使用開始
05	ポーツマス条約。日比谷で講和反対焼き打ち事件。第二次日韓協約。樺太南半分を軍事領有	05	ローマ字ひろめ会発足（当初大同団結を目指すがヘボン式が中心に）。『音韻調査報告書』（国語調査委員会）。『仮名遣試験成績表』（文部大臣官房図書課）。『仮名遣改定案』（文部省、すべて表音式に）。『日本語学要覧』（天野房治）
06	南満洲鉄道株式会社設立。関東都督府官制公布	06	日本エスペラント協会発足。『口語法調査報告書』（国語調査委員会）
07	アメリカへの移民制限。ハーグ密使事件、韓国皇帝高宗譲位。第三次日韓協約。東北帝国大学設置	07	辞書『辞林』（金沢庄三郎）
08	移民に関する日米紳士協約	08	国語調査委員会第二次口語法・音韻調査。臨時仮名遣調査委員会。文部省、棒引仮名遣廃止、歴史的仮名遣に戻る。日本のろーま字社発足（日本式）
09	伊藤博文、ハルビンで暗殺		

年	日本の近代史
1910	大逆事件。韓国併合。九州帝国大学設置
11	国定教科書の南北朝正閏問題（喜田貞吉休職）。関税自主権回復、不平等条約の改正終わる。第一次朝鮮教育令。辛亥革命
12	明治天皇没、大正天皇践祚。第一次護憲運動
14	第一次世界大戦参戦、ドイツに宣戦布告、南洋諸島・青島占領
15	中華民国に対し対華二十一ヵ条要求
16	吉野作造、民本主義主張。工場法施行
18	シベリア出兵。米騒動。北海道帝国大学設置。原敬、初の政党内閣組閣
19	パリ講和会議（第一次世界大戦）、日本は山東省のドイツ利権を得、南洋諸島の委任

年	「国語」の近代史
1910	第二期国定教科書使用開始。『日韓両国語同系論』（金沢庄三郎）
13	国語調査委員会廃止
16	『口語法』（国語調査委員会）。『国語教授法精義』（保科孝一）。『国語教育』刊行開始（保科孝一主幹～41）。『国語学の十講』（上田万年）
17	『口語法別記』（国語調査委員会）
18	第三期国定教科書使用開始。「国語に対する実理政策」（建部遯吾。社会学的な総論的言語政策論）

	統治国に。三・一独立運動、五・四運動。台湾教育令	
1920	国際連盟に加入（常任理事国）。日本初のメーデー	仮名文字協会（22〜カナモジカイ）発足
21	度量衡法改正、メートル法に。ワシントン会議（〜22。対中利権の縮小、軍備縮小）	臨時国語調査会官制公布。日本ローマ字会発足（日本式）。『独逸属領時代の波蘭に於ける国語政策』（保科孝一、朝鮮総督府発行〈マル秘〉）
22	台湾教育令改正。朝鮮教育令改正。日本共産党結成	
23	関東大震災	臨時国語調査会、常用漢字表発表（漢字節減案→大震災のため実行されず）。大震災のため東大国語研究室の資料、灰燼に帰す
24	第二次護憲運動。米、排日移民法制定。京城帝国大学予科開学	
25	日ソ基本条約で国交回復。ラジオ本放送開始。治安維持法、普通選挙制度。日本プロレタリア文芸連盟	
26	京都学連事件（治安維持法初適用）。大正天皇没、昭和天皇践祚。円本ブーム。京城帝国大学開学	
27	金融恐慌。第一次山東出兵。岩波文庫創刊	［このころ、言語地理学などの言語学理論

	日本の近代史		「国語」の近代史
	（文庫本の嚆矢）		の移入」「蝸牛考」連載（柳田国男。30年単行本『蝸牛考』）。『国語の方言区画』『大日本言語地図』（東条操）→「方言周圏論」「方言区画論」へと結実。『東方言語史叢考』（新村出。日本語系統論の一つの到達点）
28	第二次山東出兵。張作霖爆殺事件。台北帝国大学開学	28	『言語学原論』（フェルディナン・ド・ソシュールの『一般言語学講義』の小林英夫による訳）。方言研究会発足（柳田国男）。『方言採集手帖』（東条操）。「アイルランド自治州の国語政策」（『国語教育』～29）、「二語併用地域における言語教育」（『台湾教育』）、ともに安藤正次、バイリンガリズム概念を「二語併用」として紹介
29	文部省、思想対策を強化する。拓務省設置。日本軍、山東撤兵。世界恐慌始まる	29	『日鮮同祖論』（金沢庄三郎）
1930	ロンドン軍縮会議、統帥権干犯問題。世界恐慌日本に波及。台湾にて霧社事件、軍隊出動、鎮圧	1930	国語協会（会長／近衛文麿）発足
31	［このころ、「日本精神」論の流行］柳条湖	31	臨時国語調査会、常用漢字表（修正）を発

	事件（「満洲事変」）。大阪帝国大学設置
32	血盟団事件（井上準之助、團琢磨殺害）。満洲国建国。五・一五事件（犬養首相暗殺）
33	国際連盟脱退。京大瀧川事件
34	［このころ、実体としての帝国日本の顕現。農村不況の深刻化、凶作］陸軍統制派勢力を伸ばす。文部省に思想局設置
35	国体明徴声明（天皇機関説の否定）

	表するが「満洲事変」のため報道に中国地名人名増え、漢字制限不能に。『簡約方言手帖』（東条操）。辞書『大言海』（大槻文彦）刊行開始（～37）
32	東京方言学会発足。仮名遣整理を主張する国語愛護同盟発足（～37）。『国語政策の根本問題』（山田孝雄）
33	第四期国定教科書使用開始。［このころ、国語学の限界をふまえた日本語学の提唱がなされるように］『標準語の問題』（石黒魯平）。『国家語の問題について』（保科孝一）。『基礎日本語』（土居光知）。『国語科学講座』（全七七冊、刊行開始～35。言語社会学、言語地理学などの概説も）。『国際語研究』刊行開始（高木弘主宰。～36。プロレタリア・エスペラント論の紹介など）
34	臨時国語調査会官制廃止、国語審議会官制公布。『文字と言語』刊行開始（齋藤秀一主宰。～38。エスペラント関係が充実、唯物論的言語学により植民地言語政策を批判）
35	『言語問題』刊行開始（言語問題談話会。～37）。『国語学史要』（山田孝雄）

日本の近代史

36	二・二六事件。日独防共協定
37	盧溝橋事件、日中戦争本格化。南京事件。文部省に教学局設置。朝鮮で「皇国臣民の誓詞」唱えさせる。国民精神総動員中央連盟結成。企画院設置。台湾の新聞、漢文欄廃止。矢内原事件。朝鮮、台湾で「国語普及全解運動」
38	近衛文麿「国民政府を対手とせず」、和平交渉打ち切り。近衛「東亜新秩序」声明。国家総動員法公布。朝鮮に陸軍特別志願兵制度実施。興亜院設置。朝鮮教育令改正、朝鮮語随意科へ
39	左翼ローマ字運動事件（齋藤秀一など一部エスペランティストやカナモジ論者の検挙）。国民徴用令公布。第二次世界大戦始

「国語」の近代史

36	『国語政策』（保科孝一）。『言語学』（唯物論全書、高木弘。プロレタリア・エスペラント論やソビエト言語学の紹介。「方言」の自由な発展を経て「世界語」に至るという社会の発展段階と「言語」を関連させて論じる）。「日本国民文学の成立」（高倉テル）
37	国語協会再発足（国語愛護同盟、言語問題談話会を吸収。表記の簡易化や基礎日本語の制定など。機関誌『国語運動』～44）。『国体の本義』（文部省）
38	『国語尊重の根本義』（山田孝雄）。『国語・国字問題』（唯物論全書、頼阿佐夫〈平井昌夫〉）。「日本言語学のために」（亀井孝）
39	[このころから敗戦にかけて、「東亜共通語」としての日本語論流行。「南方」向けの簡易化された日本語の設定を説く主張と

年		
1940 41	まる。名古屋帝国大学設置	朝鮮で創氏改名実施。「基本国策要綱」で「大東亜新秩序建設」を謳う。松岡洋右外相「大東亜共栄圏」唱える。日本軍、北部仏印進駐。日独伊三国同盟調印。新体制運動。大政翼賛会、大日本産業報国会発足。「生活綴方運動」関係者検挙。「皇紀二千六百年」祝賀関連行事 日ソ中立条約調印。大本営「対南方施策要綱」決定。南部仏印進駐、米は日本への石油禁輸。真珠湾攻撃、日米開戦
1940 41	それに対する反撃。また「標準語」論が活発に」第一回国語対策協議会（文部省）。『コトバ』誌上シンポ「標準語教育と言語生活の指導」。『国語教育』「標準語教育座談会」。『世界に伸びゆく日本語』（外務省文化事業部）。『国語の世界的進出』（石黒修）	沖縄方言論争。日本方言学会発足（柳田国男会長～44。機関誌『方言研究』）。文部省図書局に国語課設置。「沖縄における標準語問題」「新体制と言語の統制」（保科孝一）。『標準語と国語教育』（国語教育学会）。『国語学史』（時枝誠記）。『文学』四月号「東亜に於ける日本語」を特集 [このころから、戦争の深刻化に伴い、植民地での二言語併用状況が過渡的かつ異常なものとみなされていく] 日本語教育振興会発足（機関誌『日本語』～45）。第二回国語対策協議会（文部省）。「皇国民の錬成と国語の台湾」（安藤正次。『国語の台湾』創刊号）。『方言研究』刊行開始（～44）。『国語文化』刊行開始（～44）。『国語問題

	日本の近代史	「国語」の近代史
		正義』（新村出）。『日本語の世界化』（石黒修）。『国語文化講座』（全六巻、「国語進出篇」を含む。～42。この時期の「国語」論の集成の感あり）。『国語学原論』（時枝誠記）。『日本語の特質』（佐久間鼎）。「国語とは何ぞや」（山田孝雄）
42	大東亜建設審議会（企画院）。日本軍、東南アジア各地を占領、軍政を布く。ミッドウェー海戦惨敗以降戦線後退。大東亜省設置（外交二元化。興亜院・拓務省など廃止）。日本文学報国会結成。第一回大東亜文学者大会。台湾で陸軍志願兵制度	第五期国定教科書使用開始。外国地名人名協議会設置（文部省。～44）。大東亜建設審議会、「大東亜ノ共通語トシテノ日本語」の役割明示。「大東亜共栄圏ニ日本語ヲ普及セシメル方法ニツイテ」（カナモジカイ）、「大東亜建設に際し国語国策の確立につき建議」（国語協会）、「南方国語政策に関する意見」（日本ローマ字会）。『ニッポンゴ』（情報局選定簡用語三〇〇語→日本語簡易化の極致。東南アジア向け）。『大東亜共栄圏と国語政策』（保科孝一）。『日本語の世界的進出』（松宮一也）。『国文学―解釈と鑑賞』六月号「大東亜建設と新国文学の理念」を特集。日本国語会結成。
43	御前会議「大東亜政略指導大綱」決定、ビ	「朝鮮に於ける国語」（『国民文学』、時枝誠

	ルマ・フィリピン「独立」、マレー・蘭印領土編入。大東亜会議。学徒出陣。台湾で義務教育制。台湾・朝鮮で海軍志願兵制度
44	朝鮮で徴兵制実施。日本軍、各地で敗退（インパール作戦、レイテ沖海戦など決定的）。都市部疎開実施
45	台湾で徴兵制実施。硫黄島守備隊全滅、東京大空襲。沖縄戦。ポツダム宣言。広島、長崎に原爆投下。ソ連参戦。ポツダム宣言受諾、敗戦（8・15）。GHQ設置（～52）。修身、国史・地理の授業停止と教科書回収（GHQ）。農地改革実施。公職追放始まる
46	［新生国民国家日本の誕生］昭和天皇いわゆる「人間宣言」。チャーチル「鉄のカーテン」演説、東西冷戦。新選挙法による総選挙、女性議員誕生。日本国憲法公布。東京裁判開廷

	記、「国語に帰一」せよと説く）。『台湾に於ける国語音韻論』（寺川喜四男）。『国語の規準』（新村出。「標準語」論など）。『明解国語辞典』（金田一京助編、実際は見坊豪紀）
44	国語学会発足、日本方言学会発展的解消。『標準語の問題』（石黒魯平）。『朝鮮語方言の研究』（小倉進平）
45	『東亜日本語論』『大東亜諸言語と日本語』（寺川喜四男）
46	［このころ、国語国字論争、国語民主化論が盛んに］国語審議会「現代かなづかい」「当用漢字表」答申、政府は告示。アメリカ教育使節団来日、ローマ字採用を勧告。国民の国語運動連盟組織。「国語問題」（志賀直哉）。『思潮』第三号「特輯・国語改革の諸問題」。『思想の科学』刊行開始（～96）、「言葉のお守り的使用法について」（鶴見俊輔）など

日本の近代史

47	教育基本法、学校教育法公布。改正民法公布
48	教育委員会法公布。大韓民国樹立宣言、朝鮮民主主義人民共和国樹立宣言
49	下山事件。三鷹事件。シャウプ使節団、税制改革を勧告。新制国立大学開学
1950	公職選挙法公布。GHQによるレッド・パージ。朝鮮戦争勃発（〜53）、特需景気。警察予備隊令公布
51	サンフランシスコ講和条約、日米安保条約調印。公職追放解除法公布
52	琉球中央政府発足。サンフランシスコ講和

「国語」の近代史

47	六・三制による新学制実施。『国語国字の問題』（安藤正次）
48	『新日本の国語のために』（金田一京助）。『国語学』刊行開始（国語学会機関誌）。『国語国字問題の歴史』（平井昌夫）。国立国語研究所設置。
49	検定による教科書使用開始。国語審議会、文部省設置法により改組。『国語問題五十年』（保科孝一）。『国語調査沿革資料』（文部省教科書局国語課）
1950	「マルクス主義と言語学の諸問題」（スターリン。プロレタリア・エスペラント論も成立困難に）。「スターリン『言語学におけるマルクス主義』に関して」（時枝誠記）
51	文部省指導要領、「標準語」のかわりに「共通語」を用いる。『言語生活の実態』、雑誌『言語生活』（〜85）に国立国語研究所（「言語生活」という研究分野の広い認知へ→「日本の社会言語学」の始点とされる）

年	一般事項	言語関連事項
	条約、日米安保条約発効。GHQ廃止。血のメーデー事件。破壊活動防止法	
53	NHK、民放テレビ本放送開始	
54	米ビキニ水爆実験で第五福竜丸被曝	国語審議会「標準語のために」を文部大臣に報告
55	社会党合同。自由民主党結成	国立国語研究所、日本言語地図作成のための方言調査開始（〜64）。『講座　日本語』全七巻（大月書店。〜56）。『言語問題五十年』（金田一京助。「標準語」論、語源論など）。『国語学原論　続篇』（時枝誠記）
56	日ソ国交回復。国際連合、日本の加盟を可決→国際社会へ復帰	
57		『方言学の話』（東条操）。『日本語の起源』（大野晋）。『日本語』（金田一春彦）
58	インドネシアと賠償協定調印。テレビ受信契約数百万突破。東京タワー完工	
59	皇太子結婚式、テレビ契約数急増。岩戸景気始まる	
1960	日米安全保障条約改定阻止闘争激化するも、新安保条約自動成立。カラーテレビ本放送開始	

日本の近代史	
62	テレビ受信契約数一千万突破。日中ＬＴ貿易始まる。キューバ危機。教科書無償措置法公布
64	東海道新幹線開通。東京オリンピック開催
65	日韓基本条約調印
68	小笠原諸島返還。東京大学安田講堂占拠。三億円事件。イザナギ景気始まる
69	東京大学安田講堂封鎖解除。東名高速道路開通。佐藤・ニクソン会談、沖縄返還などを共同声明に

「国語」の近代史	
61	国語審議会委員五名が、「改革」のあり方をめぐり退席
62	国語審議会、文部大臣の諮問機関に改組。外国人のための日本語教育学会発足（のち、日本語教育学会。機関誌『日本語教育』）
63	『日本語の歴史』全七巻（〜66）、第六巻が亀井孝ほか編『新しい国語への歩み』（65）で、近代の国語をめぐる問題をあつかう
64	『民族と言語の問題』（豊田国夫、日本の言語政策の歴史を描いた最初の著作）
66	『日本言語地図』刊行開始（国立国語研究所。〜75）
68	文化庁設置、国語課が文部省より移る。国立国語研究所も。『言語政策の研究』（豊田国夫）

1970	日本万国博覧会開催。核兵器の不拡散条約調印。日米安全保障条約自動延長
72	沖縄施政権返還、沖縄県復活。田中角栄『日本列島改造論』出版。日中国交回復、日台条約失効
73	円が変動相場制に移行、急騰。金大中事件。オイルショック
74	三菱重工ビル爆破事件
75	ベトナム戦争終結
76	ロッキード事件表面化。新自由クラブ結成
77	小中学校の学習指導要領で「君が代」を国歌と規定
78	成田空港開港。日中平和友好条約調印
79	ソ連軍、アフガニスタン侵攻
1980	イラン・イラク戦争始まる
81	中国残留日本人訪日調査開始

1970	『「こくご」とは いかなる ことば なりや』（かめいたかし）
73	『日本の言語政策の研究』（塩田紀和）
74	『言語社会学入門』（J・フィッシュマン。湯川恭敏訳）。『日本語をさかのぼる』（大野晋）
75	『言語と社会』（P・トラッドギル。土田滋訳）。『言語の思想』（田中克彦）
76	『岩波講座 日本語』全一二巻（〜78）
77	『標準語と方言』（文化庁「ことば」シリーズ）
78	『社会言語学の課題』（柴田武）
81	常用漢字表（内閣告示）。『ことばと国家』（田中克彦）。「このころから、日本語教育がブームに」
82	『日本における社会言語学の動向』（真田信

日本の近代史

83	21世紀への留学生政策懇談会、「21世紀への留学生政策に関する提言」を首相・文部大臣に提出。いわゆる「留学生10万人計画」の土台
88	ふるさと創生計画
89	昭和天皇没。中国天安門事件。ベルリンの壁崩壊
91	湾岸戦争。南アフリカ、アパルトヘイト終結宣言。ソビエト連邦消滅

「国語」の近代史

	治、柴田武）
86	現代仮名遣い（内閣告示）
1990	〔このころから、欧米の社会言語学概説書の翻訳が目立つようになる。多言語主義や多文化主義が日本で特に注視されるようになるのもこのころから〕『社会言語学の方法』（B・シュリーベン＝ランゲ。原聖・糟谷啓介・李守訳）
91	『日本のバイリンガリズム』（ジョン・C・マーハ、八代京子編著）
92	『社会言語学』（真田信治、渋谷勝己、陣内正敬、杉戸清樹）
93	国語審議会答申「現代の国語をめぐる諸問

年	事項
95	阪神淡路大震災。地下鉄サリン事件
97	アイヌ文化の振興並びにアイヌの伝統等に関する知識の普及及び啓発に関する法律（アイヌ新法）施行。北海道旧土人保護法廃止。香港返還
98	『小学校学習指導要領　国語』に、文語の音読、「日本人としての自覚をもって国を愛し、国家、社会の発展を願う態度を育てるのに役立つ」教材をという文言
01	9・11同時多発テロ。のち、アメリカによ

年	事項
	題について」
94	『社会言語学入門』（R・ウォードハウ。田部滋・本名信行監訳）。『現代思想』八月号「〈日本語〉の現在」を特集（他領域から「日本語」論へ参画）
95	国語審議会経過報告「新しい時代に応じた国語施策について」
97	『社会のなかの言語』（S・ロメイン。土田滋・高橋留美訳）。『多言語主義とは何か』（三浦信孝編）。『帝国日本の言語編制』（安田敏朗）
98	多言語社会研究会発足。社会言語科学会発足。『言語』八月号「『多言語主義』のゆくえ」を特集。『現代思想』八月号「液状化する日本語」を特集（「日本語」概念そのものの検証）
99	多言語化現象研究会発足
2000	21世紀日本の構想懇談会、いわゆる「英語第二公用語論」、論議を呼ぶ。『言語帝国主義とは何か』（三浦信孝・糟谷啓介編）。日本言語政策学会発足。
01	国語審議会の廃止。文化審議会国語分科会

	日本の近代史	「国語」の近代史
04	るアフガニスタン、イラクへの侵攻	国語学会が日本語学会に改称。文化審議会『これからの時代に求められる国語力について』答申、「国語」による統合を強調
06		中央教育審議会、小学校での英語の教科目化を提言。「「国語の復権」「国語再構」などをテーマとした雑誌特集が目立つように」

〈参考〉武部良明『日本語の表記』角川書店、一九七九年
平井昌夫『国語国字問題の歴史』昭森社、一九四八年（復刻、三元社、一九九八年）
歴史学研究会編『増補版　日本史年表』岩波書店、一九九三年
京大日本史辞典編纂会編『新編　日本史辞典』東京創元社、一九九〇年
文化庁『国語施策百年史』ぎょうせい、二〇〇六年　など

安田敏朗（やすだ・としあき）

1968年神奈川県生まれ．91年東京大学文学部国語学科卒業．96年東京大学大学院総合文化研究科博士課程学位取得修了．博士（学術）．京都大学人文科学研究所助手を経て，現在一橋大学大学院言語社会研究科教授．専門は近代日本言語史．

著書『植民地のなかの「国語学」――時枝誠記と京城帝国大学をめぐって』（三元社，1997年）
『帝国日本の言語編制』（世織書房，1997年）
『「言語」の構築――小倉進平と植民地朝鮮』（三元社，1999年）
『〈国語〉と〈方言〉のあいだ――言語構築の政治学』（人文書院，1999年）
『国文学の時空――久松潜一と日本文化論』（三元社，2002年）
『日本語学は科学か――佐久間鼎とその時代』（三元社，2004年）
『辞書の政治学――ことばの規範とはなにか』（平凡社，2006年）
『漢字廃止の思想史』（平凡社，2016年）
『「てにはドイツ語」という問題――近代日本医学とことば』（三元社，2021年）
ほか

「国語《こくご》」の近代史《きんだいし》
中公新書 *1875*

2006年12月20日初版
2023年10月15日 3 版

著　者　安田敏朗
発行者　安部順一

本文印刷　三晃印刷
カバー印刷　大熊整美堂
製　　本　小泉製本

発行所　中央公論新社
〒100-8152
東京都千代田区大手町 1-7-1
電話　販売 03-5299-1730
　　　編集 03-5299-1830
URL https://www.chuko.co.jp/

Published by CHUOKORON-SHINSHA, INC.
Printed in Japan　ISBN978-4-12-101875-5 C1221

中公新書

現代史

f2